항공여객실무론 I

항공여객예약실무

서선 저

백산출판사

항공여객 실무론 I

항공 여객 예약실무

CONTENTS

Part 1 항공여객운송산업의 이해

제1장 항공운송산업이해

제2장 항공여객상품과 유통

Part 2 항공여객 예약실무 TOPAS/ABACUS

제1장 항공예약업무내용

제2장 TOPAS/ABACUS 항공예약실무

Part 1

항공여객 운송 산업의 이해

RESERVATION I

제1장

항공운송산업이해

항공여객 실무론 I

항공 여객 예약실무

제1장 항공운송산업이해

I. 항공운송산업의 개요

1. 항공운송산업의 개념

특정한 동기나 목적으로 인간이나 재화를 수송하여 장소적으로 이동시키는 현상이 교통이며, 이동의 수단으로서 항공기를 사용하는 것이 항공운송이다. 항공법에 의하면 항공운송사업은 타인의 수요에 의하여 항공기를 사용해서 유상으로 여객 또는 화물(우편물 포함)을 운송하는 사업이라고 정의하고 있다. 즉, 항공운송업은 항공기를 이용하여 어느 한 지점에서 다른 한 지점으로 여객이나 화물을 운송하는 활동이 된다. 항공수송은 그 역사가 비교적 짧고 가장 늦게 등장한 교통수단이기 때문에 초기에는 철도, 선박, 자동차 등 기존지표교통의 보완적 역할을 하는데 지나지 않았지만, 제2차세계대전 후에는 항공기에 의한 제3차교통혁명이 시작되었으며, 전세계적인 항공로선망의 형성, 항공기의 현저한 진보, 항공수송수요의 격증 등 실로 경이적인 발전을 거듭함으로써 현재의 전체 교통체계 중에서 독자적인 위치를 확보하게 되었고 동시에 가장 선구적인 교통기관으로 발전하기에 이르렀다.

항공사의 경영은 운송상품이 생산되고 소비되는 항공기를 중심으로 하여 모든 활동이 이루어진다. 실제로 항공사의 업무현장에서 수행되는 활동영역은 마케팅활동이 이루어지는 여객영업부문과 화물영업 부문이 있으며, 공항을 중심으로 여객과 화물의 이동을 관리하는 운송 부문과 공항 서비스 부문, 항공기의 이동과 관련한 운항 · 객실부문, 그리고 항공기의 유지관리를 담당하는 정비 · 유지 부문과 기업 활동의 계획과 통제를 담당하는 기획 · 관리부문 등으로 구분해

볼 수 있다. 각 부문의 활동은 개별조직의 목표와 성과에 따라 명확히 구별되기도 하지만, 궁극적으로는 기업목표를 달성하기 위한 조직시스템의 구성요소로서 유기적인 관계를 형성하고 있다.

<그림 1-1> 항공사의 기본활동영역

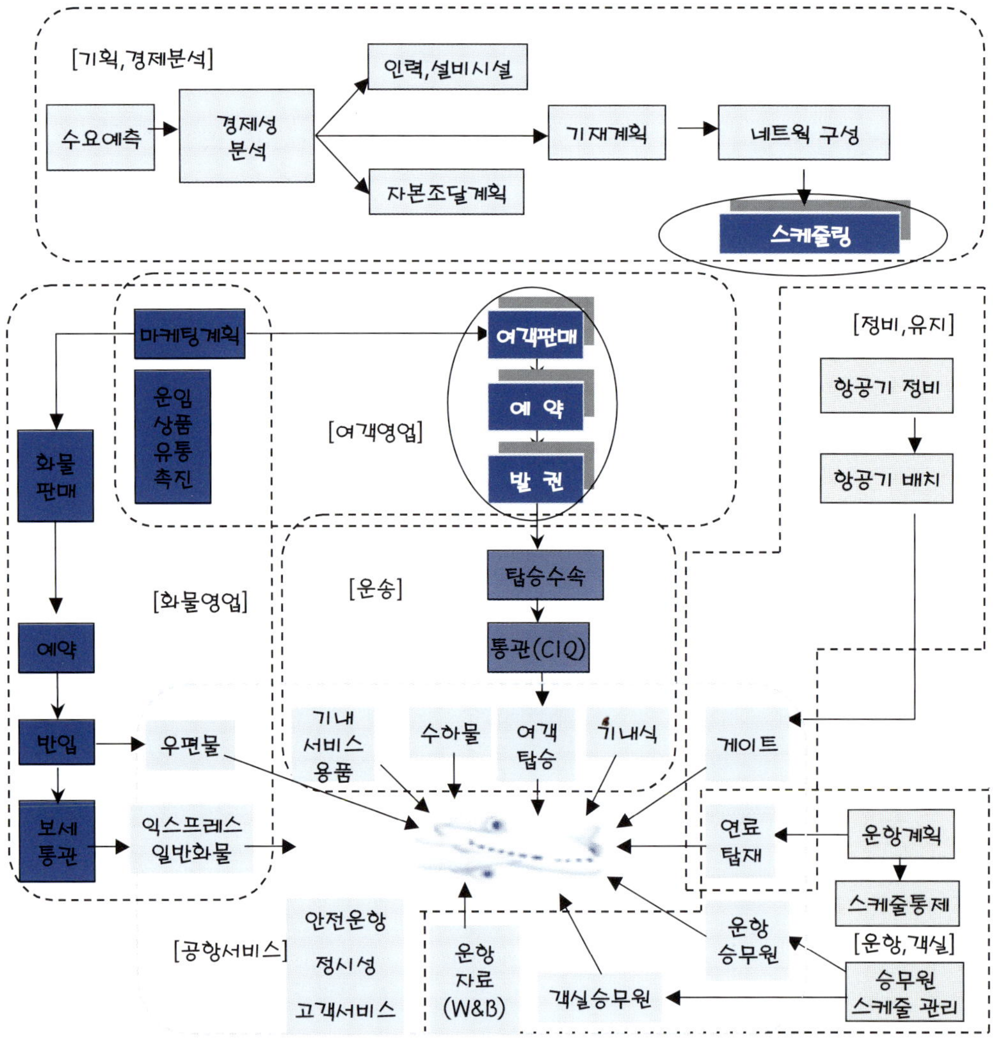

자료: 허희영, 항공경영학, 명경사, 2002, p.18.

2. 항공운송산업의 발달과정

18세기 이후 교통의 발달사를 보면 산업혁명직후인 1775~1875년까지의 100년간은 제1차 교통혁명기로서 영국에서 발명된 철도를 중심으로 발달한 철도 전성시대였으며, 1875-1975년의 100년간은 제2차 교통혁명기로서 미국을 중심으로 발달한 자동차 전성시대였다. 1975년 이후 2천년대의 중반까지가 제3차교통혁명기로서 항공기를 중심으로 한 항공수송 전성시대가 현재 진행되고 있다. 결국 인류의 경제활동에 있어서 필요불가결한 수송수단인 교통이 철도전성시대→자동차 전성시대→항공기 전성시대로 발전하여 왔음을 알 수 있다. 항공교통은 1902년 12월 7일 미국의 라이트형제가 최초로 동력비행에 성공한 이래 발달하기 시작한 교통수단으로서 항공기를 이용한 영리목적의 운송활동이 시작된 것은 1900년대 초이며, 최초의 상업목적의 운송활동은 1911년 미국에서 시작된 우편물운송에서 찾을 수 있다. 산업초기 동안 우편물운송목적의 민간항공은 정부사업의 일환으로 모든 활동이 이루어졌다. 항공운송산업의 역사적인 발달과정을 좀더 상세히 살펴보면 다음과 같이 6단계로 구분할 수 있다.

2_1 도입기(1902~1920년)

1902년 12월에 라이트 형제가 동력비행에 성공한 이래 1914년에 제1차대전이 발발하기 이전까지 항공기는 성능면에서 아주 유치한 단계를 벗어나지 못하였으며 수송기로서의 역할은 거의 기대할 수 없었고 오히려 항공기보다는 비행선이 더 각광을 받았다. 사실 일정한 노선과 스케줄을 설정하여 비행선으로 여객이나 화물을 수송하는 정기항공운송은 1910년부터 독일의 DELAG(Die Deutsche Luftschiffahrts AG)사가 개시하였다.

2_2 불채산기(1920~1935년)

전시 중에 급팽창한 군사항공이 원동력이 되어 항공기의 실용화와 함께 교통수단으로서 발달하기 시작하면서 여객, 화물, 우편물의 수송을 목적으로 하는 상업항공시대가 개막되었다. 특히 1920년대의 세계경제의 상승기를 배경으로 선진국에서는 주요 도시간의 정기항공운송을 점차로 개설하였으며 국제항공도 창시되어 항공운송산업이 전세계적으로 확산되면서 착실히 성장하였다.

이 기간에 근대적인 수송기가 개발되었으나 성능면이나 경제성 면에서 그다지 우수하지 못하였으며 항공수요도 미개발상태로 많지 않았기 때문에 항공운송산업은 경영상 도저히 수지를 기대할 수 없었던 불채산기(不採算期)였다.

2_3 채산기(1935~1945년)

항공운송이 초보적인 실용단계를 벗어나 교통수단으로서 광범위하게 보급되었고 더욱이 근대적인 조건을 갖춘 항공기의 본격적인 개발로 항공기의 신뢰성과 안전성이 향상됨으로써 항공수요도 점차로 증가하여 본격적인 항공운송산업이 전개되었고, 불채산 상태를 탈피하여 어느 정도의 채산을 기대할 수 있는 하나의 산업으로서 그 가능성을 보이기 시작하였다.

미국 더글러스사는 1930년대 후반부터 근대적 조건을 갖춘 상업용 항공기로서 안전성과 쾌적성이 크게 향상된 DC-3(1935년)을 개발하였고 1940년대에는 경제성과 생산성이 우수한 DC-4(1942년)를 개발하였다. 또한 공항, 항공로, 항공보안시설, 항공무선연락, 기상관측 등 항공기의 운항에 필요한 각종 기술조건이 갖추어지면서 근거리 국제선만이 아니고 유럽 제국간, 구주본국과 식민지 제국간에 그리고 중동, 아시아, 호주 간에 장거리 국제항로가 개척되었다.

2_4 성장기(1946~1960년)

제2차대전 중에 진보된 수송기, 공항, 항공로, 항공보안시설, 항공통신, 기상관측 등 각종 항공기술이 전쟁이 끝나면서 군용으로부터 민간항공용으로 이용되었다. 미국과 유럽 제국이 중심이 되어 항공운송은 새로운 교통기관으로서 본격적으로 발전하기 시작했다. 그러나 현저하게 비경제적인 군용기를 민간수송기로 사용하는 것은 사실상 채산성을 전혀 기대할 수 없었다. 이 때문에 구미 선진국은 민간상업용 항공기의 개발에 박차를 가하게 되었고 점차로 확대되는 수요에 충분히 대응할 수 있는 대형기로서 DC-6B, DC-7, Constellation 등을 개발하여 장거리 정기노선에 취항시켰다.

2_5 약진기(1961~1975년)

1960년대에 접어들면서 항공수요는 다소 침체기미를 보였으나 1957년부터 도입된 제트기의 출현으로 새로운 고속항공수송시대가 개막되었으며, 세계적인 경기호황까지 겹쳐서 전세계적으로 항공수송은 비약적인 발전을 거듭했다. 제트기의 취항으로 그 때까지 주력기로 사용되었던 DC-7 등 프로펠러기는 지선용으로 전용되었으며 1958년 말부터 세계항공운송은 제트기 시대로 들어가게 되었다. 이 기간에 취항한 제트기의 수를 보면 1958년에 불과 15대밖에 취항하지 않았으나, 1961년에 413대가 취항했으며 터보롭기의 경우에는 1961년에 총 718대가 취항함으로써 명실 공히 제트기 시대를 장식하였다.

2_6 성숙기 또는 규제완화 시대(1976년 이후~)

이 시기는 대형 제트기인 B-747이나 록히드사의 L-1011, 더글러스사의 DC-10, 영국·프랑스 공동의 A-300 등의 출현으로 항공운송산업에 새로운 전기를 마련한 항공운송의 최성기(最盛期)라 할 수 있다. 그러나 2차에 걸쳐 발생한 석유파동으로 인하여 세계경제의 성장둔화와 세계경기의 후퇴는 항공업계를 고도성장으로부터 저성장시대로 전환시키는 결과를 가져왔다. 즉 항공수요의 성장둔화, 공급과잉, 수급불균형, 항공수송원가의 급등, 유가·환율·금리의 변화 등 기업여건의 급변과 미국의 항공규제완화(1978년, Deregulation Act)의 국제항공으로의 파급으로 인하여 과당경쟁의 심화, 저운임 경쟁의 격화, 실수익(Yield)의 저하 등 많은 문제에 직면하게 되었으며, 이로 인하여 1980-1983년의 약 4년간에 전세계의 항공사가 연속적으로 막대한 적자를 기록함으로써 상당기간 항공기업은 물론 항공운송산업 자체가 구조적인 불황위기에 처하게 되었다.

그러나 각 항공사의 적극적인 경영합리화 노력과 항공기 제조업자의 연료절감형의 새로운 항공기의 개발로 이러한 위기를 극복하고 1984년 이래 전세계 정기항공기업의 경영이 흑자로 전환되면서 항공운송산업은 다시 경영상의 안정기반을 구축하게 되었고 동시에 항공수요의 확대와 함께 경영흑자를 기대할 수 있는 성숙기에 이르렀다. 항공여객의 급속한 증가는 업계로 하여금 여객기의 대형화 및 고속화를 촉진토록 하였다.

3. 항공업계 정책 및 시장환경변화

3_1. 항공업계 환경변화의 원인

정부의 소유 또는 정부차원의 엄격한 규제를 통해 안정된 시장을 확보하고 수익의 보호를 받아오던 항공사들은 1980년대에 들어오면서 항공운송산업의 구조적 변화를 겪음으로써 새로운 국면에 이르게 되었다. 이러한 변화의 원인은 다음과 같이 요약할 수 있다.

- 전세계의 기업개방화에 대한 관심의 증가
- 태평양권의 경제력 부상
- 낮은 가격, 다양한 가격과 서비스에 대한 소비자의 욕구증대
- 운영비절감과 수입증대를 위한 자동화 시스템 도입
- 미국의 규제완화법 시행에 따른 국제시장의 개방화 확대
- 정부소유기업의 민영화
- 항공기술의 향상
- 항공기증가에 따른 불충분한 공항시설

이러한 변화의 요인들 중 항공운송업의 질서와 체계를 완전히 뒤바꿔 놓게 된 가장 근본적인 원인은 1978년 미국에서 시행된 항공규제완화 조치이며, 그 후 항공운송업은 새로운 국면을 맞이했다. 1978년 규제완화 이전까지 항공운송산업에 있어서 마케팅이란 그다지 중요하지 않았다. 가격경쟁은 존재하지 않았으며 판매촉진의 기회는 제한되어 있었고 상품과 서비스의 질은 비교가 불가능하였다. 즉 항공사들은 주어진 노선에서 단지 항공편을 제공할 뿐이었고 소비자 욕구와 그들의 기대란 무의미했다. 항공 규제완화법(Airline Deregulation Act)의 시행은 미국 내 항공운송산업의 운송력에 대한 규제철폐, 항공사의 신시장 진입자유화, 적정범위 내에서의 운임자유설정, 전세기수송의 자유화, 민간항공위원회의 소멸 및 그 잔여권한의 타 부처이전 등을 골자로 하는 자유주의적 항공정책이었고 이에 따라 미국 내 항공시장은 실질적인 경쟁의 장으로 변모되었다.

세계항공운송의 변화에 따른 산업구조의 조정과 재편국가간의 규제, 즉 미국 주도의 자유화와 이국간의 항공협정과 정부의 각종규제 국제항공운송협회(IATA : International Air Transport Association)의 각종규제완화(운임 결정역할의 쇠퇴) 등으로 인하여 파생된 만성적 과잉공급과 각 항공사간의 경쟁격화, 가격파괴, 투자부담가중, 항공기업의 수지악화, 항공운송산업의 글로벌 네트워크화, 항공운송 기업의 흡수합병, 거점(HUB)공항의 경쟁격화, 지역별 항공의 블럭화(북미블럭, 유럽블럭) 등의 결과를 초래하였다. 국내 공사들 간에 자유경쟁체제를 이룩한 미국은 이 제도를 국제항공운송계로 확대시켜 1979년 국제항공운송경쟁법(IACT, Inaternational Air Transportation Competition Act)을 발효시켰다. 이 법의 시행은 국제정기항공에 대한 제반 규제를 철폐하는 것으로 미국내 국제선 취항 도시 증가와 직행국제선 개설, 미국항공사의 국제선 복수지정, 전세기(Charter)수송 자유화를 주요 내용으로 하였다. 이는 국제항공노선 동일구간 내에 미국의 복수항공사가 취항하는 이른바 Multiple Tracking System(Double Tracking, Triple Tracking)의 적용을 가져왔고 국제선 항공노선에 대폭적인 공급증가가 일어났다. 이 두 조치의 시행은 미국뿐 아니라 전세계 항공운송시장을 치열한 경쟁환경 속으로 밀어 넣었으며, 항공사들은 이러한 새로운 환경에 적응하기 위해 대대적인 변모를 해야 했다.

3_2. 항공업계 정책환경변화

최근 지역주의의 만연 속에서 항공운송산업의 경쟁적 환경은 더더욱 심각해지고 있다. 항공사들은 국제교통량의 흡수와 비용절감, 그리고 경쟁력 확보를 위해 항공사의 세계화를 추진하고 있다. 항공업계의 중장기 환경변화와 정책변화를 살펴보면 다음과 같다. 먼저 세계 항공운송산업의 환경변화는 항공정책의 자유화, 항공사 소유권의 민영화, 항공사 경영의 세계화, 마케팅과 정보기술이 접목된 정보화, 그리고 규모의 대형화 추세로 요약할 수 있다.

<그림 1-2> 세계 항공운송산업의 환경변화

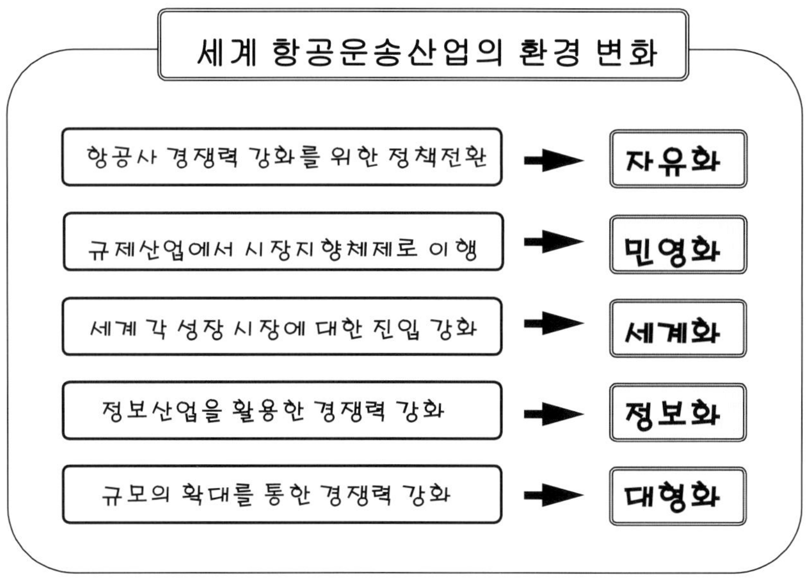

1) 자유화(Liberalization)

항공사의 노선권을 규정하는 항공협정은 양국간 협정(bilateral)체제에서 미국 주도식의 양국간 자유화(open skies)와 이에 대응하는 유럽 주도식의 역내자유화(regionalization)로 변해가고 있다. 자유화 정책의 확대는 진입자유와 시장경쟁을 확대시키고 있다.

2) 민영화(Privatization)

시장지향적 경영체제를 통한 효율적 의사결정체제를 구축하기 위해 항공업계는 민영화를 추구하고 있다. 탄력적인 가격전략수립이나 서비스혁신, 그리고 세계자금시장에서의 조달능력 향상 등이 항공사 소유권의 민영화를 촉진하고 있다. 민영화 추진을 위한 필연적인 수단으로 외국항공사와의 전략적 지분제휴가 채택되고 있다.

3) 세계화(Globalization)

항공사의 성장수단으로 제휴항공사와의 협력과 공동노선운영이 강화되고 있는 추세이며 정책적인 외국인 투자한도확대와 민영화 추진의 현실적 대안인 외국항공사의 지분참여로 경영의 세계화가 진행되고 있다.

4) 정보화(Information Technology)

급속도로 발전하는 정보기술을 활용하여 규모의 경제를 달성하는 것이 항공사 경쟁의 주요 변수로 대두되었고, 마케팅 제휴를 통해 이러한 효과가 더욱 가중되는 정보네트워크화를 구현하고 있다. 항공사의 마케팅전략으로 각광받게 된 인터넷 예약(Internet booking), 데이터베이스 마케팅(DB Marketing), 항공권경매 등의 활용은 항공사 직접유통비중을 확대시키고 시장지배력 확보에 기여하고 있다. 또한 경영지원수단에서 독립적인 수익창출부분으로도 성장해 가고 있다.

5) 초대형화(Mega Carrier)

노선망 운영규모의 경제와 마케팅력 규모의 경제를 활용하는 항공사 대형화 추세는 시장진입과 지배력 강화를 가능하게 하고 있다. 네트워크 시너지 효과의 극대화를 위해서 추진되는 글로벌 제휴, 네트워크(Global Alliance Network) 제휴는 규모의 대형화를 더욱 부추기고 있다.

<그림 1-3> 국제항공정책의 전개

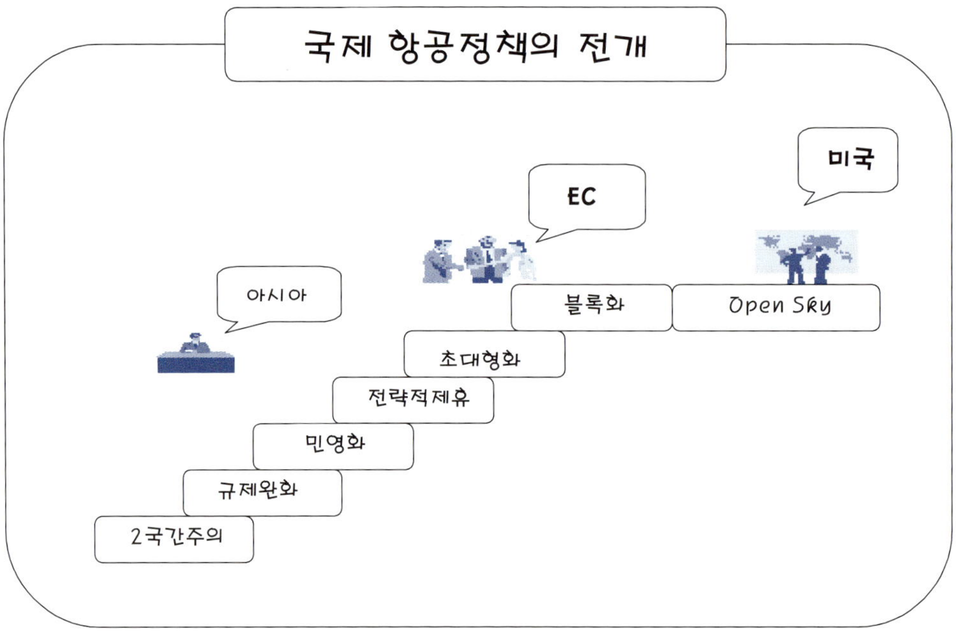

항공업계의 사업환경 변화는 정책환경변화를 주도하는 요인으로도 부각되고 있는데 국제항공시장의 정책은 과거의 양국간 항공협상체제에서 블록화와 Open Skies 체제로 변화되고 있다. 지역별로 진전속도와 과정은 매우 다르게 전개되고 있는데 국제항공정책의 전개과정과 지역별 정책특성을 살펴보면 다음과 같다. 아직 아시아의 정책은 양국간 체제로 운영되고 있는데 미주와 구주의 자유화에 대응하는 정책대안이 필요한 시점에 와 있다.

3_3. 항공업계 시장환경변화

1) 항공시장구조

항공운송시장은 초기 투자비용이 과다한 산업적 특성으로 한 항공사에 의해 운항되는 독점시장과 몇 개의 항공사에 의해 운항되는 과점시장으로 형성된 불안전 경쟁시장으로 특정지어진다. 독점시장에서는 항공사는 이윤을 극대화하기 위한 수단으로 가격, 좌석공급, 운항횟수와 같은 공급변수를 통제 할 수 있다. 과점시장에서는 다른 경쟁자들의 반응에 따라 가격, 공급능력, 운항횟수의 조정에 몇 가지 유형이 나타날 수 있다. 즉 다른 경쟁자들이 특정항공사에 의해 시작된 공급의 변화에 반응하지 않을 것이라고 가정하는 쿠르노 행태(Cournot behavior), 즉각적인 반응을 예상하는 스태클버그 행태(Stackelberg hehavior), 공동의 이익을 보장하기 위해 담합을 하는 담합행태(Collusion behavior)가 그 대표적인 예이다. 실제로 현업에서는 즉각적인 반응을 보이는 스태클버그행태 및 항공사간 담합에 의한 공급변수조정이 이루어지는 경우가 많다.

2) 항공시장변화

항공시장도 항공정책과 사업환경상의 변화와 더불어 상호간의 서로 영향을 미치면서 변화하고 있다. 항공사의 경쟁력 결정요인은 항공사 경영전략의 변화로 다음과 같이 변모하고 있다. 이에 따라 2000년대 소비자 주도의 글로벌 경쟁시대에는 정보화와 제휴전략에 전적으로 의존하여 경영하는 체제가 될 것이며 즉각적이고 탄력적인 경쟁사 대응력과 고객과의 밀접한 1:1 관계가 가장 중요한 성공요인이 될 것이다. 항공사 경영은 과거의 운항위주의 하드웨어적 경영에서 정보위주의 소프트웨어적 경영으로 변화해 가고 있다.

<표 1-1> 항공사의 경쟁력 결정요인

구 분	1970년대	1980년대	1990년대	2000년대
시장 환경	보호, 육성시대	경쟁시대	고객지향시대	소비자주도 글로벌경쟁시대
항공사 경영 전략	운항, 정비효율화 국가보호 기능별 조직 국영항공사체제	비용절감 기업이미지강조 조직개편 규모, 노선대형화	고객만족 이원화 체제 (지역특화, 글로벌 네트워크) 업무 전문화 초대형화	사업구분확대 정보기업화 정보공유 글로벌시장 제휴그룹대형화
성공요인	운항효율성 대정부 로비	CRS, YMS 복수허브전략	서비스 강화 시장세분화 제휴활성화	Real-time- response One-to-one relationship Flexibility

자료 : 항공교통, 제14호, 1993년 7~8월, P76.(1970~1990년대), 2000년대는 필자 보완

항공사마케팅의 주요 요소인 상용고객우대제도(FFP : Frequent Flyer Program, 이하 FFP)와 컴퓨터 예약시스템(CRS : Computer Reservation System, 이하 CRS)의 역할변화를 살펴보면 과거의 고객확보와 서비스 차별화 수단에서 정보의 부가가치화로 진전되고 있다. 고객정보를 활용한 항공사 수익창출과 제휴사 정보를 활용한 상품제공의 부가가치창출이 주된 역할로 변모하고 있다.

또한 항공사 온라인 시장의 변화로는 사업영역구분의 확대로 영업영역이 확대되어 경쟁업체의 출현이 항시 가능하게 되었다. 이에 따라 GDS(Global Distribution System, 이하 GDS)및 여행사 의존도 하락추세(아메리칸에어라인, 세이버 지분매도 등)와 온라인 여행사의 집중화 현상(트래블로시티, 프리뷰 지분투자 등 위상강화), 항공사간 수평제휴(Horizontal cooperation) 강화, B2B(corporate direct booking 온라인화 추구), 재고좌석관리(경매, 이메일 등 1:1 온라인 활용), 서비스 향상(실시간 운항정보, 목적지 정보제공), 특정세분시장 전용 사이트(대학생, 골프투어) 등의 많은 자구책을 강구 하고 있다.

<그림 1-4> 항공사 경쟁력 결정요인의 변화

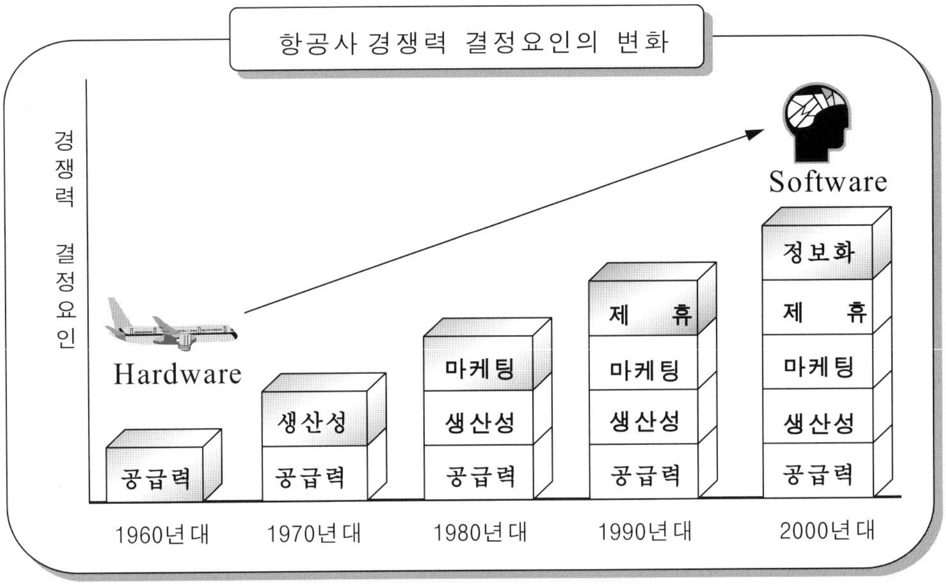

3_4. 21세기 항공시장특성

21세기의 항공시장의 특성을 간단히 요약해 보면 항공사 및 관련업계간 제휴를 통한 제휴 그룹간 경쟁심화, 인터넷이 항공사 가치사슬(Value Chain)에서 주요 마케팅 도구(Key Marketing Tool)로서의 역할이 증대되면서 기존 비지니스 프로세스(Business Process)의 붕괴 및 정보기술(IT: Information Technology, 이하 IT)과 접목된 신 경쟁환경이 형성되었다. 또한 고객-기업간 쌍방향 의사경로(Communication Channel) 형성에 따른 과거 기존기업주도에서 고객주도 시장으로의 시장주도의 변화 및 인터넷 등장에 따른 시공을 초월한 새로운 인터넷 시장(e-Marketplace)이 형성되었다. 이에 따라 21세기 항공시장의 경쟁요소로서 비지니스 프로세스 내 IT 도입을 통한 글로벌 경쟁이 가시화되었고, 비용절감 · 유통효율화 · 고객가치창출 등 경영효율화에 보다 많은 관심을 가지게 되었다. 또한 고객충성도(Loyalty) 증진, 제휴확대를 통하여 경쟁력 강화에 중점을 두고 있으며, 온라인(On-line) 유통망 지배와 네트웍 확대를 통한 신시장 개척에 주력하고 있다.

4. 우리나라 항공운송산업의 발달

4_1 우리나라 항공운송산업 발달과정

우리나라 민간항공의 발달과정을 살펴보면 1948년 순민간기업으로 설립된 대한국민항공사(Korean National Airlines: KNA)가 최초의 항공회사였다. KNA는 1948년 서울-부산 간에 정기국내선을 개설하였으며 정기국제선으로는 1954년에 서울-타이페이-홍콩 노선을 개설하였다. 그러나 우리나라 최초의 항공회사로 등장한 KNA는 1957년 7월의 항공기 착륙 전복사고와 1958년 2월의 항공기 납북사건으로 치명적인 타격을 입었으며, 가중되는 자금난 및 항공기의 가동률 저하 국제경쟁력의 결여 등으로 지속적인 발전을 하지 못한 채 1961년에 도산하고 말았다.

그 후 1962년에 우리나라 민간항공의 일대 전기를 마련할 목적으로 국영항공회사로서 대한항공공사가 설립되었다. 대한항공공사는 국내항공의 자력운영체제의 확립, 한국민항의 세계화

추진, 경영합리화를 통한 수지균형의 유지 등을 목표로 의욕적인 출발을 하였으나 계속되는 누적적자와 재정난으로 경영부진을 면치 못하였고, 결국 1969년 3월 1일 한진그룹에 인수되어 순수 민간항공회사로 민영화를 이루었다.

대한항공은 인수와 동시에 제트기를 도입하여 동남아노선에 진출하였고, 1972년 태평양노선의 개설에 이어 민영화 4년만인 1973년에는 B-747 대형기를 도입하여 태평양노선에 투입함으로써 아시아에서는 일본에 이어 두 번째로 대량수송체제를 갖추었으며, 1975년에는 서울-파리 노선을 개설함으로써 태평양진출에 이어 유럽 진출의 막을 열었다. 또한 우리나라 기술 인력의 중동 진출과 함께 1976년의 서울-바레인 노선을 위시한 중동노선을 개설하여 극동지역과 중동 및 아프리카를 직접 연결하였다. 이로써 소규모 지역항공회사에 불과하던 대한항공은 세계적인 항공회사로 급성장하였다. 1980년대 후반 이후 세계적인 규제완화추세와 거대항공사의 출현 등 세계항공업계의 변화 속에서 우리나라의 업계도 항공의 대중화와 1988년 2월 12일 정부가 금호그룹에 제2민항을 인가함으로써 제2민항인 아시아나항공(주)의 설립으로 복수민항시대를 맞이함으로써 여러 가지 변화를 겪게 되었다. 아시아나항공(주)은 1988년 12월 23일 서울-부산, 서울-광주 국내선운항을 개시하게 되었고, 1990년 1월 10일 서울-동경간 첫 국제선 운항을 개시하였다.

<그림 1-5> 한국 항공운송산업 변천사

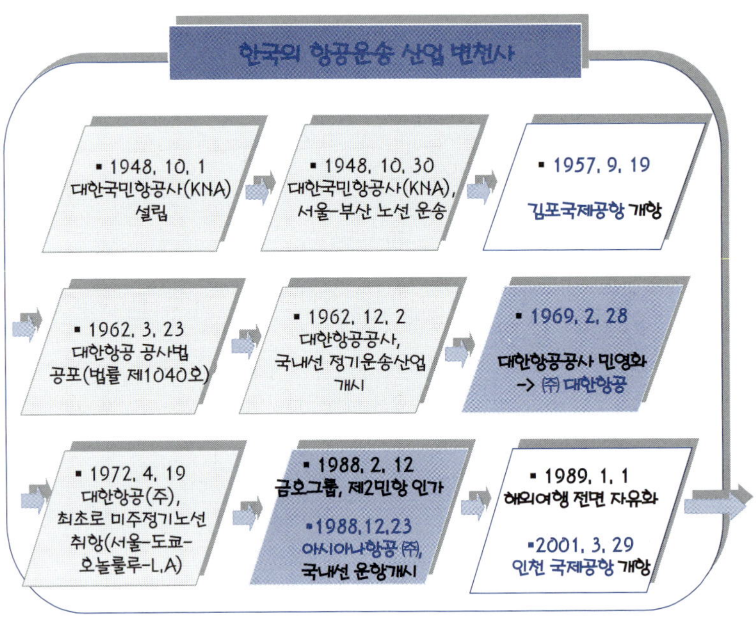

국내적으로는 1989년 1월 1일 실시된 해외여행자유화 조치가 기폭제 역할을 하였으며, 각종 국제행사의 개최는 운송수요의 창출을 촉진하였다. 뿐만 아니라 2001년 3월 29일 인천 국제공항의 개항은 아시아 지역의 중심(HUB)지역으로서의 역할을 목표로 하고 있으며, 우리나라 항공운송산업은 지속적인 노선망의 개척으로 전 세계시장을 단일시장으로 연결하는 글로벌체제를 구축하기에 이르렀다.

4_2 우리나라 국적 항공사 운영현황

우리나라는 (주)대한항공이 1969년 민영항공사로 출범하였고, 제2민항인 아시아나항공사가 1988년 2월 인가됨에 따라 복수항공시대가 열렸다. 대한항공과 아시아나항공의 창립이 각각 37주년, 18주년이 지난 2006년 현재, 국적항공사는 장족의 발전을 거듭하여 국제선 정기여객, 화물운송/수송실적이 세계항공사 수준으로 증가하며 점차 순위를 갱신하고 있다. 양사의 규모 및 운영현황은 현재 각사의 인원현황, 수입/수송실적, 항공기 보유현황, 취항국가 및 노선 등의 자료를 근거로 살펴볼 수 있다. (자료: 대한항공, 아시아나항공 Homepage 내 '회사소개' 정보 참조)

<표 1-2> 우리나라 항공사의 연혁 요약

구분	대한항공	아시아나항공
설립연도	•1969년 3월 2일 (주)대한항공 출범 :국영 '대한항공공사' 에서→민영 '(주)대한항공' 출범	•1988년 2월 17일 설립
노선개설 (최초 개설 노선 중심)	•1971. 04 미주화물노선 최초개설 (서울-동경-로스앤젤레스) •1972. 04 미주여객노선 최초개설 (서울-동경-호놀룰루-로스엔젤레스)	•1988. 12 국내선 첫 취항(서울-부산, 서울-광주) •1990. 01 국제선 한일노선 첫 취항(서울-동경) •1991. 11 미주노선 첫 취항(서울-L.A)
세계항공사 순위	•여객 : 2004년 15위/10,204천명 (2003년 17위) •화물 : 2004년 1위/8,164백만톤 (2003년 2위) ✔Data Source:IATA(International Air Transportation), 2005년 9월 출판 ✔기준 : 여객-국제선정기편 수송여객(명):International Scheduled Passenger carried 화물-국제선 정기편 화물운송(톤):International freightton/km flown	•여객 : 2004년 28위/5,955천 명 (2003년 30위) •화물 : 2004년 15위/2,642백만 톤 (2003년 15위)

1) 기업조직

항공운송산업 개념에서 살펴본 항공사의 기본활동영역을 관장하기 위해서는 내부적으로 부처별 담당조직의 운영이 필요하다. 국적항공사인 대한항공의 기업조직도는 <그림 1-6>에서 보는 바와 같이 회장, 총괄사장 아래 경영전략본부, 인재개발본부, 재무본부, 종합통제본부가 있으며, 실질적인 수입과 직결되는 여객과 화물은 담당사장 책임하에 운영되고 있는 것을 볼 수 있다. 국적항공사는 이미 '책임경영', '수익경영'의 일환으로 사업본부단위의 책임성, 수익성 있는 경영으로 전환하였다. 사업본부는 이익창출의 기본사업단위로서 마치 독립회사와 같은 형태로, 자체적으로 전략 및 수익계획을 세워 사업본부단위의 수익극대화를 목표로 한다. 또한 사업본부장에게 사람, 돈, 자산 등에 대한 일정한 권한을 부여하여 책임을 지고 경영하도록 하고, 사업본부는 여객사업본부, 화물사업본부를 포함 5개의 분야로 분류하여 운영되고 있다.

<그림 1-6> 대한항공 기업조직도

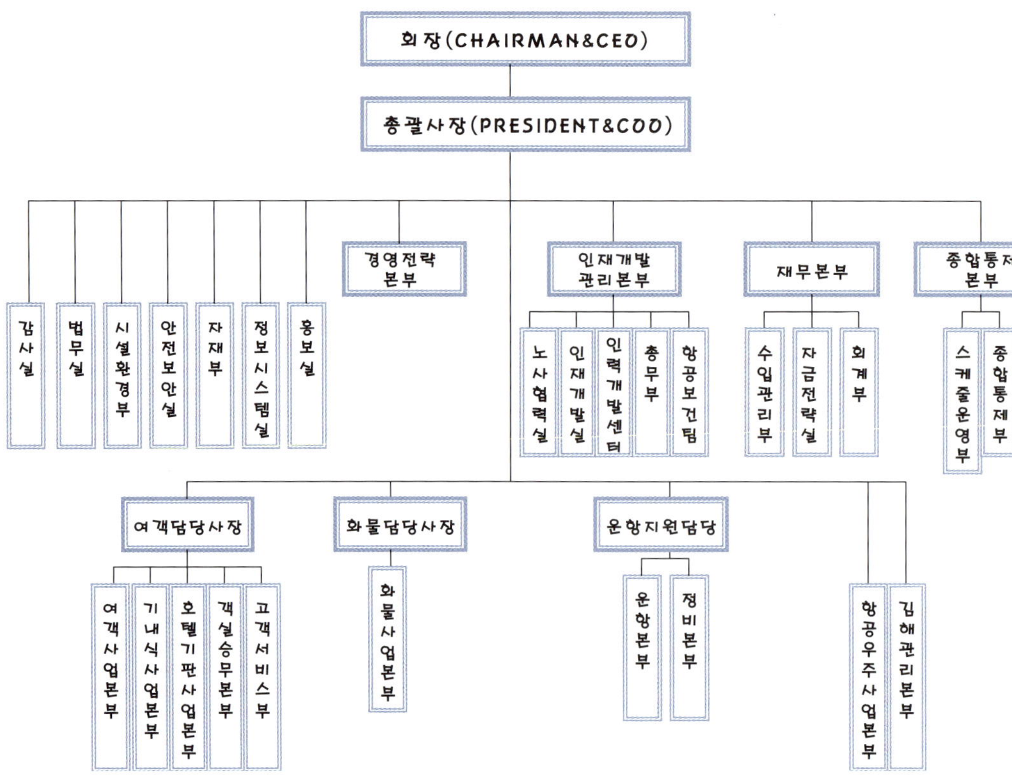

출처: www.koreanair.co.kr, 회사소식 – 조직

2) 직원(인원)

우리나라 국적항공사의 직원규모 또한 세계항공사 수준에 이르고 있다. 항공사 업무의 특성상 직원의 업종별 비중을 살펴보면 전문직에 해당하는 운항승무원, 기술직원, 객실승무원의 비중이 약 60%에 육박하고 있다.

■ 대한항공

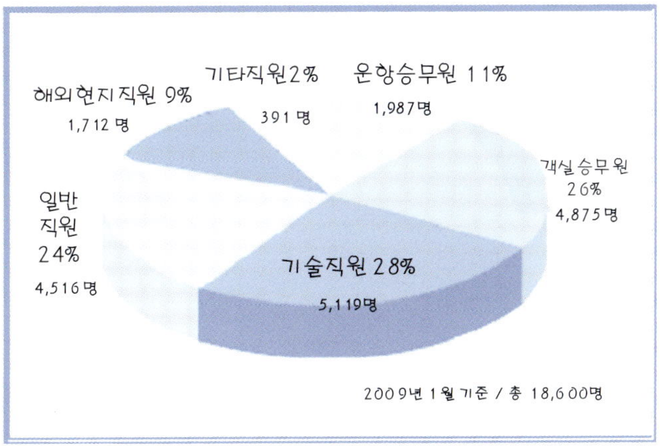

□ 아시아나항공

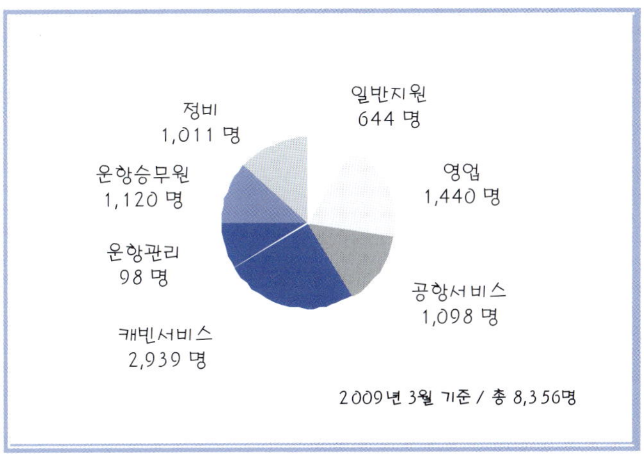

3) 항공기

항공사에 있어 항공기 기재는 스케줄과 더불어 항공사 운영에 중요한 역할을 한다. 항공사는 기재(Aircraft)의 효율적 운영을 통하여 비용절감효과 등 주요전략수단으로 활용한다. 따라서 세계 유수의 항공사, 특히 저가항공사들은 보유기종의 단일화를 통하여 비용절감(스케줄 효율성, 기종별 조종사, 정비사의 교육 등등 단일화 가능) 효과를 최대화한다. 이에 비해 국적항공사들은 다소 다양한 기재를 보유하고 있으며, 여객기의 국내·국제선용 분류가 이루어지지 않고 있음을 볼 수 있다. 국내선 사업은 저가항공사의 출현에 대응할 수 있는 기반을 준비하여야 할 것이다. 즉, 비용이 저렴한 전용기재를 중심으로 가동률 증대를 통한 비용절감(Low Cost) 및 수익률 증대를 추구하여야 할 것이다.

<표 1-3> 국적항공사의 항공기 보유현황

대한항공				아시아나항공			
여객기		화물기		여객기		화물기	
기 종	보유수	기 종	보유수	기 종	보유수	기 종	보유수
B747-400	21	B747-400F	22	B747-Pax	2	B767-Frt	1
B747-400c	1			B747-Combi	3	B747-Frt	8
B777-200er	18			B777-200er	10		
B777-300er	1			A330-300	6		
B777-300	4			B767-300	7		
A330-200	3			A321-1(2)00	14		
A330-300	16			A320-200	10		
A300-600	8			B737-400	6		
B737-800	15						
B737-900	16						
계	103	계	22	계	58	계	9
합 계	125대 (2009년 7월 31일 기준)			합 계	67대 (2009년 3월 기준)		

4) 노선

항공사의 스케줄로 대표되는 노선망은 실로 발전적인 증가현상을 보이고 있다. 특히, 전세계를 망라하는 국제선 노선의 규모는, 한 국가의 경제교역 발판을 마련하기도 하며 국민의 건전한 관광기회를 제공하는 수단임을 감안할 때 국가의 부와 직결된다고 해도 과언이 아닐 것이다. 또한 국제선 노선은 국가간의 항협, 상협과 더불어 국가의 외교역할도 담당하기도 한다. 양사의 국제선 노선규모는 단거리인 일본, 중국 노선을 비롯하여 장거리 유럽, 미주지역 등 27개국을 망라하고 있다.

□ 아시아나항공

구분	노선	현 운항도시
일본	22	동경, 오사카, 나고야, 후쿠오카, 센다이, 히로시마, 요나고, 타카마츠, 오키나와, 도야마, 마쯔야마, 후쿠시마, 미야자키, 구마모토
중국	32	북경, 상해, 광주, 연대, 장춘, 하얼빈, 청도, 서안, 연길, 길림, 남경, 항주, 선양, 성도, 천진, 위해, 심천, 황산, 중경
동남아시아	14	방콕, 싱가포르, 마닐라, 호치민, 뉴델리, 사이판, 홍콩, 하노이, 타이페이, 클라크, 시엠립, 세부, 코타키나바루, 푸켓
러시아	4	하바로프스크, 사할린, 타슈켄트, 알마티
북미	5	뉴욕, 로스앤젤레스, 샌프란시스코, 시애틀, 시카고
유럽	3	프랑크푸르트, 런던
오세아니아	4	시드니
국제여객	84	
국내여객	13	광주, 김포 , 대구, 목포, 부산, 여수, 울산, 인천, 제주, 진주, 청주, 포항
국제화물	20	오사카, 센다이, 나고야, 싱가포르, 호치민, 페낭, 홍콩, 마닐라, 방콕, 남경, 청도, 선양, 뉴욕, 로스앤젤레스, 샌프란시스코, 앵커리지, 시카고, 캘거리, 브뤼셀, 런던, 프랑크푸르트, 암스테르담, 비엔나
합계	국제선 20개국 67개 도시 84개 노선(여객) 14개국 23개 도시 20개 노선(화물) (2009년 3월 기준)	

■ 대한항공

국 가	도시(여객기)	도시수	도시(화물기)	도시수
한 국	서울, 인천, 광주, 군산, 대구, 부산, 양양, 여수, 울산, 원주, 제주, 진주, 청주, 포항	13	인천	1
네덜란드	암스테르담	1	암스테르담	1
네팔	카트만두	1		
노르웨이			오슬로	1
뉴질랜드	오클랜드	1		
대 만	타이베이	1		
덴마크			코펜하겐	1
독 일	프랑크푸르트, 뮌헨	2	프랑크푸르트	1
러시아	모스크바, 블라디보스토크, 상트페테르부르크	3		
말레이시아	쿠알라룸푸르, 페낭	2	쿠알라룸푸르, 페낭	2
몽 골	울란바토르	1		
미 국	괌, 뉴욕, 댈러스, 로스앤젤레스, 샌프란시스코, 시애틀, 시카고, 애틀랜타, 앵커리지, 워싱턴 DC, 호놀룰루	11	뉴욕, 댈러스, 로스앤젤레스, 샌프란시스코, 시카고, 애틀랜타, 앵커리지	7
브라질	상파울로	1		
베트남	하노이, 호찌민	2	호찌민	1
벨기에			브뤼셀	1
스위스	취리히	1	바젤	1
스페인	마드리드	1		
싱가포르	싱가포르	1	싱가포르	1
아랍에미리트	두바이	1	두바이	1
영 국	런던	1	런던	1
오스트리아	비엔나	1	비엔나	1
우즈베키스탄	타슈켄트	1		
이집트	카이로	1		
이탈리아	로마, 밀라노	2	밀라노	1
인도	뭄바이	1	델리, 뭄바이, 첸나이	3
인도네시아	덴파사르, 자카르타	2	자카르타	1
일 본	가고시마, 나가사키, 나고야, 니가타, 도쿄, 삿포로, 아오모리, 아키타, 오사카, 오이타, 오카야마, 후쿠오카, 고마쓰 등	15	나고야, 도쿄, 오사카	3
중 국	베이징, 상하이, 샤먼, 선양, 시안, 싼야, 옌타이, 우루무치, 우한, 지난, 칭다오, 쿤밍, 톈진, 홍콩 등	22	베이징, 상하이, 톈진, 홍콩	4
체 코	프라하	1		
캄보디아	프놈펜, 씨엠립	2		
캐나다	밴쿠버, 토론토	2	토론토	1
태 국	방콕, 푸켓, 치앙마이	3	방콕	1
터키	이스탄불	1		
프랑스	파리	1	파리	1
피 지	난디	1		
필리핀	마닐라, 세부	2	마닐라	1
호 주	브리즈번, 시드니, 멜버른	3	시드니	1
합계	국제 38개국	105	화물 24개국	39
	39개국 118개 도시 (2009년 4월 20일 기준)			

5) 수송/수입 실적

항공운송수입은 노선수익, 부대수익 및 기타수익으로 분류된다. 노선수익에는 여객운송과 화물운송이 포함되며, 부대수익에는 정비용역, 교육수입, 건물임대 등이 포함되고 항공우주, 기내식, 호텔면세는 기타수입에 포함된다. 대한항공과 아시아나항공의 연간수입규모는 각각 약 8조, 3조 규모에 다르고 있다. IATA의 집계에 따르면(2004년 실적 기준), 국제선 정기편 여객수송 규모는 세계 항공사 중 대한항공과 아시아나항공이 각각 15위, 28위에 화물은 각각 1위, 15위에 올라있다. 하지만 국내선 수송실적을 포함하여 순위를 비교하면, 국내시장이 작은 우리나라는 국내시장이 광대한 미주나 유럽내 항공사들과 비교하여 하위에 머무르고 있다. 그러므로 양 국적항공사의 수입실적은 국제선 의존도가 크게 나타나고 있다.

■ 대한항공

· 2008년 기준, 수송실적(IATA 기준)

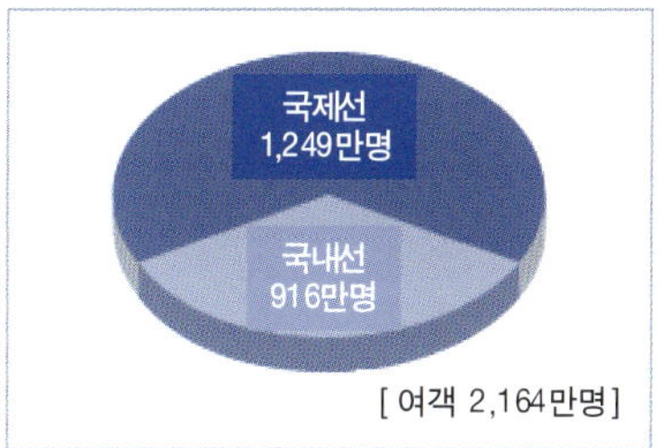

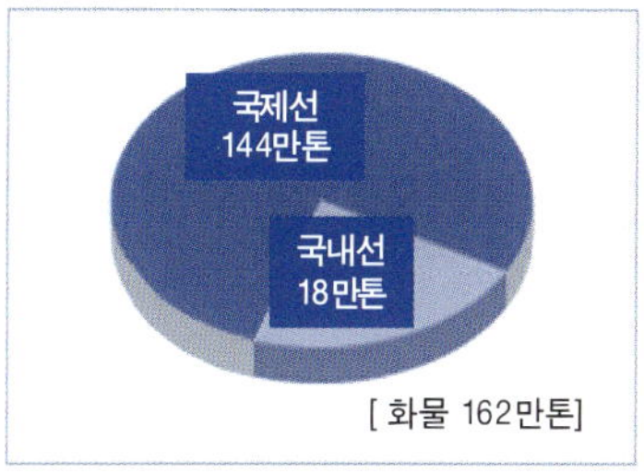

· 2008년 수입실적

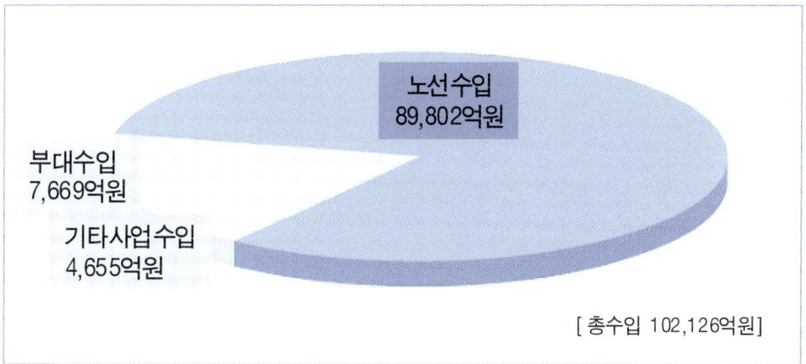

□ 아시아나항공

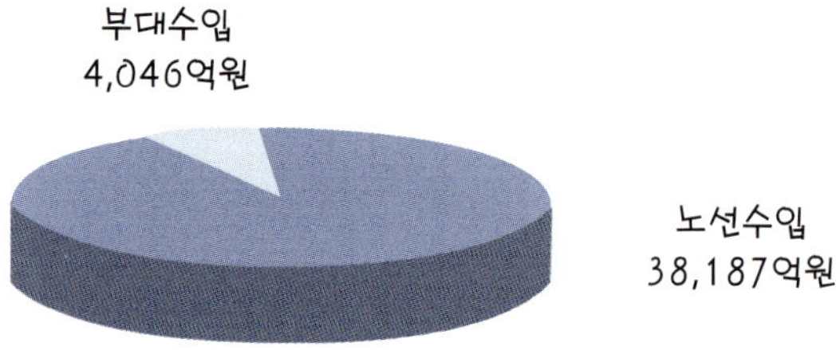

6) CI(Corporate Identity)

유형 상품에 비해 가격에 민감한 서비스 산업은 가격경쟁력 해결방안으로 차별화된 제안, 이미지, 전달수단의 개발이 필요하다. 항공사는 개개인이 선택할 수 있는 기내영화(AVOD: Audio and Video On Demand), 기내전화서비스, 침대형 좌석 및 마일리지 프로그램(FFP: Frequent Flyers Program) 등을 혁신적인 차별화 전략으로 활용하고 있다. 즉, 항공사는 지속적인 서비스 상품의 차별화 전략과 함께 서비스 상품 알리기에 주력하고 있다. 따라서 항공사는 비전과 미션을 달성하기 위한 실천방안의 일환인 New CI(Corporate Identity) 작업 등을 병행한다. 뿐만 아니라 항공사의 서비스 상품을 널리 알리는 일에 광고(홍보)라는 방법을 활용한다. 한국국적항공사의 광고는 시대의 변천과 함께, 주이용객의 요구사항이나 추세가 반영된 내용으로 변화하고 있음을 볼 수 있다. 약 15~10년 전의 항공사광고는 비행기와 항공사의 로고송 정도가 전부였다. 일명 이미지광고방법의 하나였다. 그 후 '90년대에는 친절함과 편안함이 가미된 이미지광고로 이목을 끌었다. 그리고 가족간의 사랑 등 테마가 있는 광고, 그 후 요즈음 항공사가 운항하는 목적지의 아름다운 풍경과 함께 목적지광고가 주류를 이루면서 실제 판매증대로 연결되고 있다. 실질적이고 실용적으로 변화하고 있는 항공사 홍보의 중심에 각 항공사를 대표하는 심벌마크, 로고, 워드마크 등이 활용되고 있다.

■ 대한항공

심벌마크

로고 & 워드마크

□ 아시아나 항공

RESERVATION I

제2장

항공여객상품과 유통

항공여객 실무론 I

항공 여객 예약실무

제2장 항공여객상품과 유통

I. 항공여객운송상품

1. 항공여객상품의 개념

항공여객의 상품, 즉 항공사에서는 무엇을 판매할까? 상품이란 고객이 관심(인지), 구입, 사용, 소비를 통해 고객의 욕구와 욕망을 만족시킬 수 있는 것을 의미하며, 물질적인 것이 아니더라도 인간의 욕구를 만족시킬 수 있는 것은 상품이라고 한다. 역으로, '고객은 무엇을 구입하십니까?'라고 질문했을 때, 대부분의 고객들은 좌석과 서비스를 구입했노라고 대답한다. 따라서 항공여객상품은 "운송 상품인 좌석, 즉 스케줄과 항공사 마케팅 측면의 "서비스상품"으로 분류할 수 있다.

<그림 2-1> 항공여객상품이란?

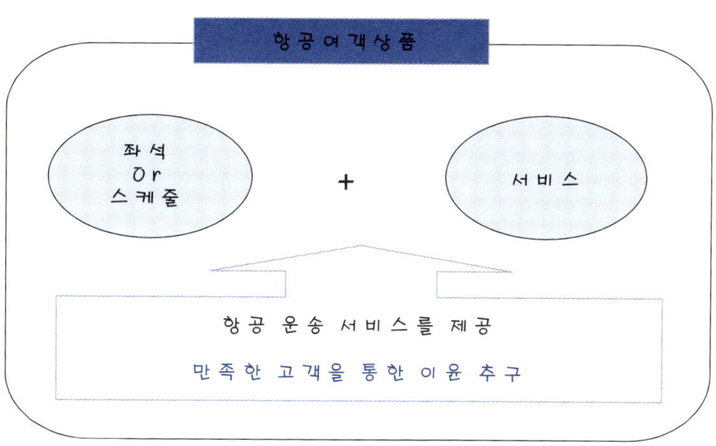

항공운송은 생산설비인 항공기를 운항하여 무형재인 항공수송서비스를 고객에게 제공하고 그 대가로 징수한 운임으로 수익을 얻는 일종의 영업행위로, 즉 항공여객 운송서비스는 고객에게 항공기를 이용하여 어느 한 지점에서 다른 한 지점으로 수송서비스를 제공하고 현대의 모든 산업이 추구하는 바와 같이 만족한 고객을 통하여 이윤을 추구하는 산업으로 요약할 수 있다. 항공사의 여러 가지 활동영역 중 항공여객 운송서비스가 고객에게 제공되는 과정은 공간적 이동을 위한 시간 흐름에 따라 항공기의 운항 전, 운항 중, 운항 후의 단계로 구분할 수 있으며, 각 단계마다 시간 흐름별로 고객에게 서비스가 제공된다.

<그림 2-2> 항공여객 운송서비스 내용

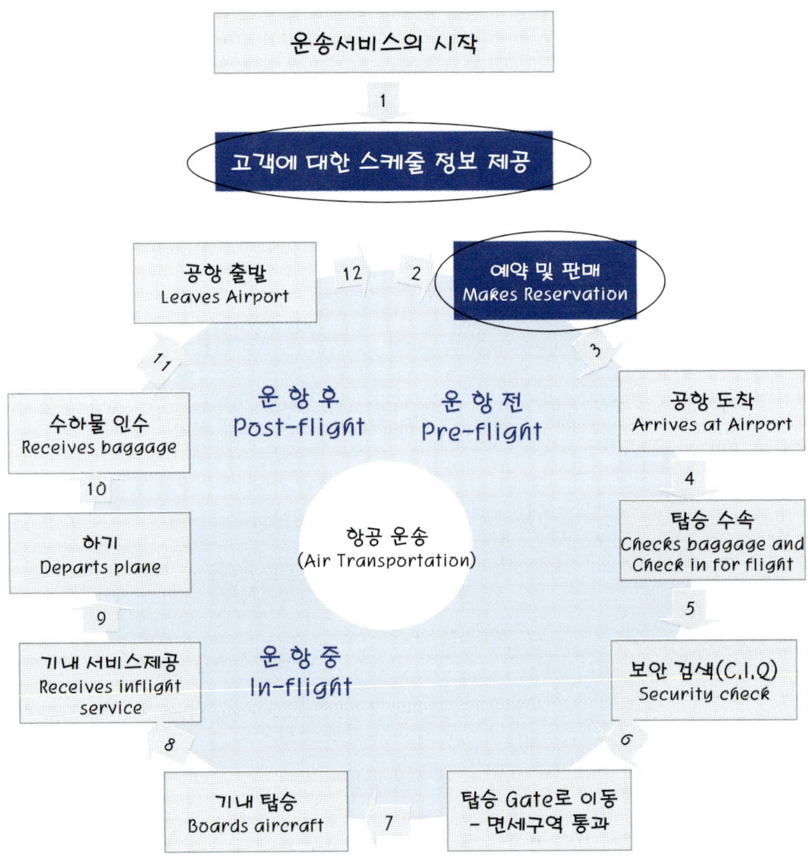

자료: M.L. Thomas, A Portfolio Approach to Strategic Airline Planning, Peter Lang Bern, 1997, p.139.

2. 항공여객상품

2_1. 항공스케줄

항공스케줄은 여행자의 입장에서 항공사나 항공편을 이용하는 데 고려하는 가장 중요한 요소이다. 따라서 항공스케줄은 공공에게 제공하기 위하여 항공사가 생산하는 상품으로, 항공사의 모든 노력은 효율적인 스케줄 운용에 집중된다. 항공사의 스케줄링은 제한된 자원, 즉 항공기와 승무원, 마케팅시스템과 지원체계 그리고 공항과 같은 제반시설 등을 이용하여 시장수요를 충족시킬 수 있도록 항공기 운항을 위한 일정계획을 수립하는 활동이며, 시장수요와 운항여건 등을 고려하여 운항자원을 최적의 상태로 배분함으로써 수익성을 극대화시키는 활동이다. 또한 효율적으로 편성된 스케줄은 비용의 최소화와 수익의 극대화라는 최적화를 통해 생산력과 경쟁력을 극대화시키며 나아가서는 타 항공사와의 상품경쟁에서 우위를 지켜 나가는 주요인이다. 항공사의 스케줄링 흐름도는 <그림 2-3>으로 요약할 수 있다.

<그림 2-3> 항공 스케줄링의 흐름도

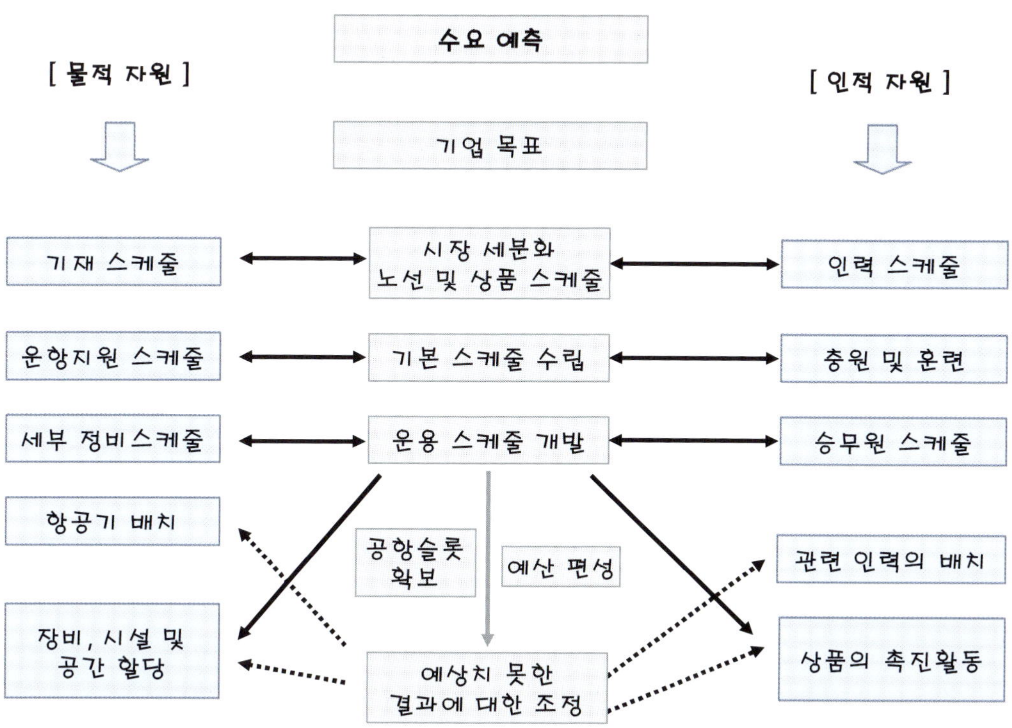

항공사에서 고객에게 항공기의 좌석을 제공하기까지의 일련의 기본적인 구성요소는 다음과 같다.

1) 노선권(Traffic Right)

각국의 항공기업이 타국의 상공을 비행하거나 국가간에 항공노선을 개설하기 위해서는 국제항공의 운영을 규제하는 국제법이 필요하였다. 그 결과 1919년의 파리조약 , 1926년의 마드리드 조약, 1928년의 아바나 조약 등에서 채택된 국제항공에 관한 원칙을 정리해서 통합하고 동시에 제2차대전 이후의 국제항공의 건전하고 질서 있는 발전을 위하여 필요한 기본원칙과 법적 질서를 확립하기위하여 1944년 12월 7일에 시카고 회의(국제민간항공회의: International Civil Aviation Conference)는 국제민간항공조약을 체결하였으며 이 조약은 1947년 4월 4일에 발효하였다. 우리나라는 1952년 12월 11일 이에 가입하였다.

1919년의 파리조약에서 처음으로 영공주권주의를 인정하고 이를 명문화하였다. 즉 이 조약의 제 1조에서 "각국은 그 영역상의 공간, 즉 영공에 대하여 완전하고 배타적인 주권을 갖는다"라고 규정 하였다. 영공주권이 확립된 결과 어느 국가의 항공기도 타국의 영공을 비행하기 위해서는 그 국가의 허가를 얻지 않으면 안 되게 되었다.

그러나 국제항공이 발달하면서 일일이 개별적으로 외국의 비행허가를 받고 비행한다는 것은 복잡할 뿐만 아니라 바람직한 절차라 할 수 없으며 특히 정기적으로 항공기를 운항하는 상업항공의 경우에는 포괄적인 허가가 절대적으로 필요하였다. 또한 포괄적인 허가를 얻을 경우에도 허가의 범위와 내용을 어느 정도까지 확보하느냐가 문제가 되었으며, 이것이 소위 항업항공권 또는 "하늘의 자유"의 문제이다. 이러한 문제를 해결하기 위하여 개최된 시카고 회의에서 "하늘의 자유"의 확립과 그 범위를 설정하였으나 완전한 합의에 이르지는 못하였다.

한편 국제항공운송협정은 다섯 가지의 하늘의 자유를 상호승인할 것을 인정하였다. 다섯 가지의 하늘의 자유(Five Freedoms of the Air)란 국제항공에 있어서 상업항공권 또는 운수권의 종류를 다섯 가지로 분류한 것으로서 국제항공운송협정은 다음과 같이 정의하고 있다.

① 제1의 자유 : 영공통과의 자유, 즉 타국의 영공을 무착륙으로 횡단비행할 수 있는 자유 (Fly-Over Right)

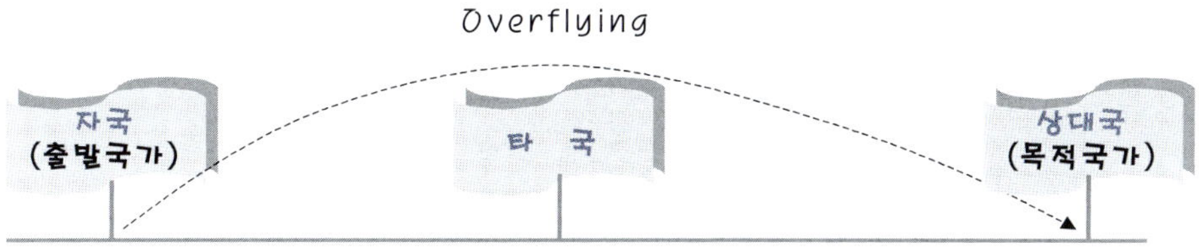

② 제2의 자유 : 기술착륙의 자유, 즉 수송 이외의 급유 또는 정비와 같은 기술적 목적을 위해 상대국에 착륙할 수 있는 자유(Technical Landing Right)

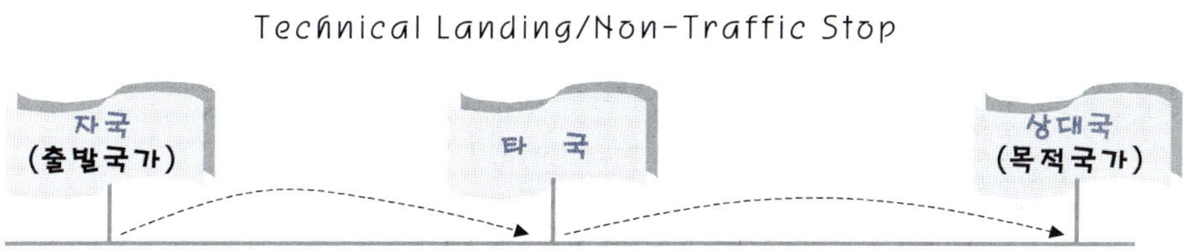

③ 제3의 자유 : 자국의 영역 내에서 실은 화객을 상대국으로 수송할 수 있는 자유 (Set-Down Right)

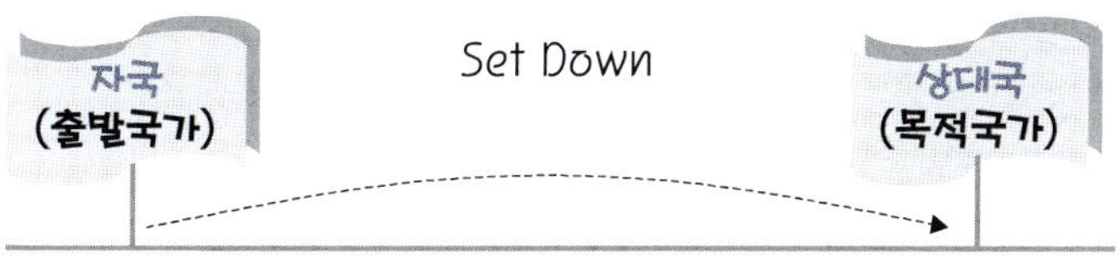

④ 제4의 자유 : 상대국의 영역 내에서 화객을 싣고 자국으로 수송할 수 있는 자유 (Bring-Back Right)

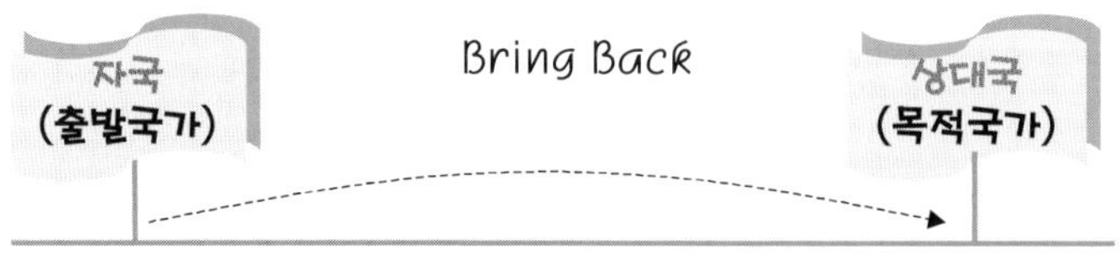

⑤ 제5의 자유 : 상대국과 제3국 간에 화객을 수송할 수 있는 자유(Beyond Right)

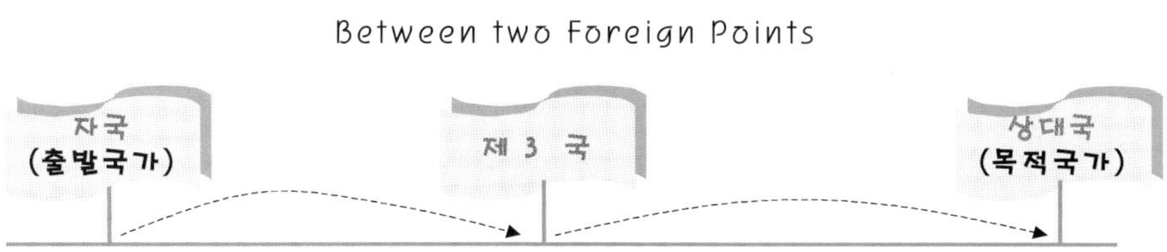

이상의 다섯 가지 자유 외에도 제5의 자유를 변형한 형태로 한 외국으로부터 다른 외국으로 운항하는 도중에 자국의 영토에 착륙토록 하는 자유인데 이를 제6의 자유 또는 탑승객을 제6의 수요라고 부른다. 일반적으로 제1 및 제2의 자유를 통과권(Transit Right)이라 하며 제3~5의 자유를 운수권(Traffic Right)이라 한다.

그 외 캐버타지(Cabotage) 규정으로서, 각 체약국은 타 체약국의 항공기가 정기 또는 유상으로 대절하여 자국의 영역 내에 있는 국내지점간에서 여객, 화물, 우편물을 적재하여 항공수송하는 것을 금지할 수 있다고 규정하고 있다(시카고조약 제7조 국내영업) 이것이 소위 캐버타지의 금지규정으로서 자국 내 지점간의 국내수송을 자국의 항공기만이 운항할 수 있도록 운수권을 유보하는 데 목적이 있는 것이다.

<그림 2-4> 항공협정과 상무협정

항공 협정과 상무협정

● **항공협정이란?**

- 항공협상의 산출물로서 항공운송협정(Air Transport Agreement) 또는 항공서비스협정(Air Services Agreement)이라고 부른다.
- 항공협정은 양자간의 국제항공관계를 공동으로 규율하기 위하여 국가간에 가장 빈번하게 사용되는 기본문서로, 국제항공운송규제분야에서는 간단히 양자협정(billateral)이라고 한다.

● **상무협정이란?**

- 항공사간 협력의 기초가 되는 협정으로,
- 국제민간항공 협약 제77조 "본 협약의 어떠한 규정도 복수의 체약국이 공동의 운송운영조직 또는 국제운영기관을 조직하거나 특정노선 또는 특정지역에서의 항공업무를 Pooling하는 것을 방해하지 아니한다." 조항을 기준,
- 항공사들이 상호 약점을 보안하거나 또는 강점을 극대화하기 위해 추진하고 있는 각종 제휴(Alliance)의 수단으로 상무협정이 활용

일반적으로 항공사가 특정지점간에 항공기를 운항하기 위해서는 노선운항권을 취득하여야 한다. 노선권은 국내선의 경우 해당국가의 정부가 관장하지만, 국제선의 경우에는 각국 정부의 항공협정과 항공사간의 상무협정이 우선되어야 한다. 중요목적지에 대한 노선권 보유자체가 상품을 구성하는 기초라 할 수 있다. 항공사 입장에서는 고객의 수요가 많은 노선권을 취득하는 것이 영업활동의 시작이며, 신규노선의 창출 및 기존노선의 운항취소는 가장 기본적인 영업전략인 것이다.

2) 기재

노선권이 확보되었으면, 그 구간을 운행할 항공기를 확보하는 것이 두 번째 기본구성요소이다. 일반적으로 노선의 특성, 즉 수요와 운항거리를 고려하여 소형, 중형, 대형기를 선별적으로 구매한다. 항공기의 구매는 고객에게 제공되는 실질적인 좌석을 확보하는 것으로 중장기 기재계획에 의해 치밀하게 준비되어야 한다.

3) 항공기 스케줄

상기의 기재 및 운항, 객실승무원, 정비여건 등 여러 가지 사항을 고려하여 특정지점 간의 항공기 운항스케줄이 결정된다. 일반적으로 운항스케줄은 전문적인 스케줄링 시스템을 통하여 스케줄 최적화 시뮬레이션을 거쳐 확정되며, 1년에 2번 기본계획이 수립된다. 이것이 정기편 운항스케줄로 하계스케줄(Summer Schedule), 동계 스케줄(Winter Schedule)로 구성되어 있으며, 이를 기초로 경영환경 변화에 따른 단발적인 부정기편 운항스케줄을 생성하게 된다. 이렇게 결정된 스케줄은 항공사의 주요 시스템을 운영하는 기초적인 기반이 된다. 일반적으로 예약시스템, 탑승수속시스템, 운항관리 시스템 등의 항공사 주요 시스템이 운항스케줄을 기초로 운영되도록 설계되어 있다.

<그림 2-5> 스케줄 운영기간

스케줄 운영기간

- **IATA 기준에 의거 년 2회로 구분 운영(전항공사 공통 적용)**
  - 하계 : 매년 3월 마지막 일요일에서 10월 마지막 일요일 전 토요일까지
  - 동계 : 매년 10월 마지막 일요일에서 익년 3월 마지막 일요일 전 토요일까지
- **구분 운영 사유**
  - 계절변화에 따른 운항소요시간(FLIGHT TIME) 차이 조정으로 스케줄 정시성 유지
  - 성/비수기 구분에 의한 정기편 공급량의 조정
  - 회수, 노선구조, 기종 변경
  - DST(Daylight Saving Time) 적용

4) 좌석

상기에서 언급한 주요소를 감안하여 고객과 회사의 수익을 중심으로 항공기 운항스케줄을 결정하게 되고, 이때 비로소 항공기의 좌석이 생산된다. 주로 항공기의 종류에 의해 좌석 수가 결정되며, 일반적으로 좌석의 종류에 따라 일등석(First Class), 이등석(Business Class), 일반석(Economy Class)로 구분되어 운영된다. 일반적으로 항공사 좌석운영전략에 따라 3클래스가 장착된 기종도 2클래스 운영, 단일 클래스 운영 등 여러 가지 운영방법을 사용하고 있다. 항공사 상품인 "좌석"을 제공하기까지 많은 구성요소들이 필요하며, 이들 요소들은 수익최대화와 비용최소화를 동시에 지원하는 전략에 의거하여 계획이 수립되어야 한다.

5) In-flight Service

확보한 항공기의 기내설비를 준비하는 것으로 일등석, 비즈니스석, 일반석의 좌석배열 및 각 좌석 등급별 좌석의 길이(Pitch) 및 넓이(Width)를 결정하고, 비행시간 동안에 고객에게 제공될 음료, 기내식, 음악, 비디오 등 일련의 객실서비스가 여기에 포함된다. 최근에는 서비스질을 향상시키기 위하여 좌석 내 비디오 시스템(In-Seat Video System) 및 기내 인터넷 서비스 등이 항공사별로 경쟁적으로 도입되고 있다.

6) 항공스케줄의 경쟁력

항공사의 상품계획은 운송활동의 특성에 따라 주로 운송서비스의 구성에 초점이 놓인다. 이때 항공기의 종류, 객실의 배치, 예약 및 판매방식, 스케줄, 정시성, 객실서비스 및 공항서비스 등이 공통적인 대상이 된다. 대체로 모든 항공사는 거의 유사한 항공기를 이용하여 운송서비스를 제공하기 때문에 주로 상품의 이미지나 고객이 느끼는 고유의 가치를 창출하는 데 주력하며, 특히 스케줄은 가장 널리 이용되는 차별화 요소이다. 고객의 입장에서 스케줄은 가장 중요한 상품특징 중의 하나이며, 운항빈도, 발착시간, 노선 및 구체적으로는 직항편인지 중간기착지점이 있는지 여부가 모두 고객의 선택결정에 영향을 미친다. 따라서 항공 스케줄의 경쟁력은 <그림 2-6>과 같이 풍부한 공급, 편리함, 항공사의 이미지 등으로 분류할 수 있는데, 스케줄의 직접적인 경쟁력 결정요인으로는 운항회수, 다양한 노선으로 대표되는 풍부한 공급과 여객이 선호하는 출발·도착시간, 노선구조(직항 또는 경유), 항공기기재, 운항소요시간으로 대표되는 편리함을 들 수 있다.

<그림 2-6> 항공여객스케줄의 경쟁력

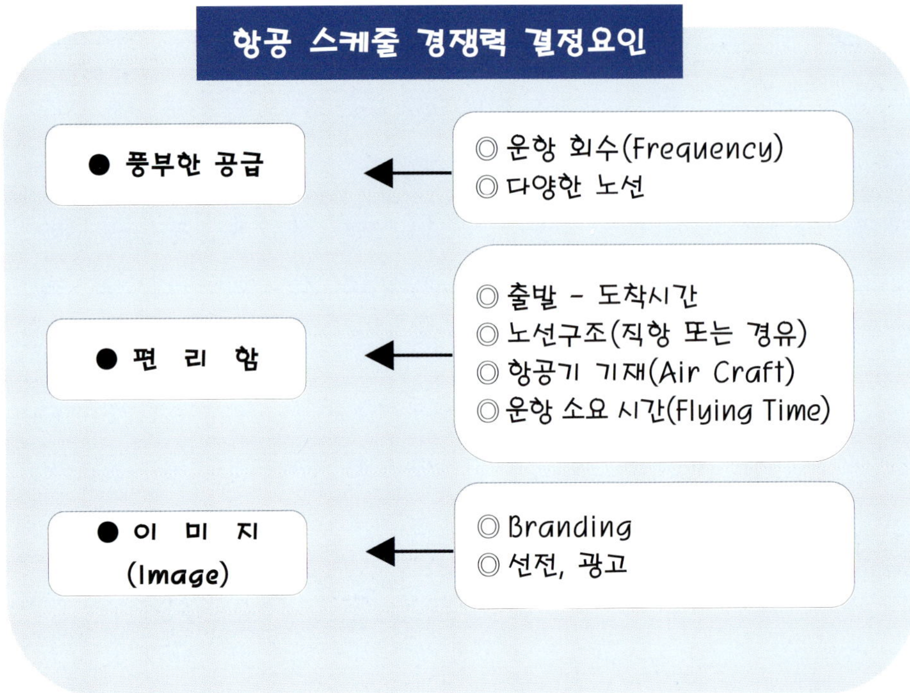

하지만 항공사의 스케줄은 모든 고객에게 동일한 영향을 미치는 것은 아니다. 고객의 여행 목적에 따라 스케줄의 영향요인은 상이하게 작용한다. <그림 2-7>은 고객의 여행목적에 따라 고객이 중요하게 생각하는 결정요인이 상이함을 보여 주고 있다. 상업여행(BTM : Business Travel Market) 목적의 고객에게는 운항회수, 충분한 좌석 수와 직행운항이 항공사선택의 중요요인으로 작용하며 또한 단거리 상용고객에게는 하루 만에 여행이 완결될 수 있기 위해 일반적으로 아침 또는 초 저녁편이 선호될 것이다. 하지만 휴가여행목적의 고객에게는 운항빈도는 중요한 요소가 아니며, 저렴한 가격을 제공하는 항공스케줄의 일자에 고객의 휴가기간을 맞추는 상황을 볼 수 있다.

<그림 2-7> 여행목적 및 승객욕구에 따른 시장세분화

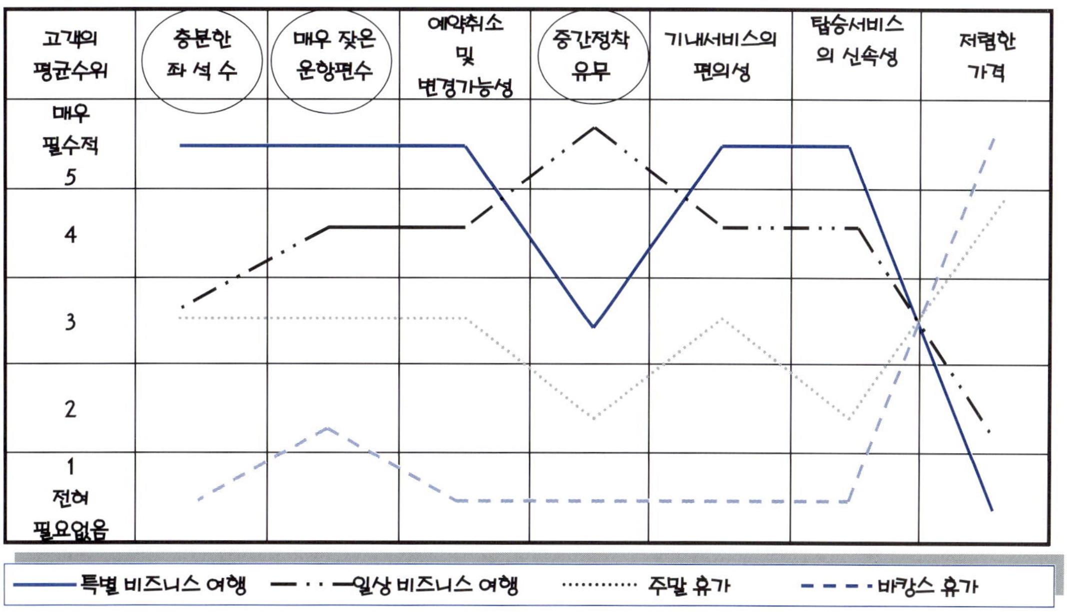

자료: 박기찬, 국제항공운송론, 서울프레스, 1996

스케줄이 항공사의 중요한 상품의 특징이 되는 이유는, 안락성, 편의성, 이미지 위주의 서비스상품에 대한 비교와 평가는 주관적이나 항공 스케줄은 객관적으로 정량화가 가능하고 가시적으로 명백하기 때문이다. 따라서 항공여행 예약업무를 하는 사람은 각 항공사의 스케줄에 대한 업무지식이 풍부할수록 이용고객에게 효율적으로 정보를 제공할 수 있을 것이다. 뿐만 아니라 고객의 여행목적에 따라 요구되는 스케줄의 결정요인이 상이한 점을 고려한 스케줄의 안내 및 예약업무수행이 절대적으로 필요한 역할이다.

2-2. 서비스

항공사의 주된 상품내용은 항공스케줄, 좌석, 서비스이며, 즉시 사용됨으로써 재고가 없는 것이 가장 큰 특징이다. 또한 항공사 상품은 차별화가 어렵다는 데 그 특징이 있다. 가장 중요한 상품인 좌석은 동일한 제작사로부터 표준화된 경우가 대부분이고, 항공사의 주문에 의해 상이하게 제작될 수 있으나 이 또한 고객이 피부로 느낄 만큼의 차별화는 쉽지 않으며 '인적 서비스'도 국제화, 표준화된 것이 특징이다. 상품의 특화나 차별화에 따른 가격차별, 고객세분화는 타 제조업에 비해 어려운 것이다. 이는 항공산업은 '성숙도가 높은 산업'으로서 기반을 잡고 있기 때문이며 경쟁우위를 확보하기 위해서 표준화된 대중마케팅(mass marketing) 전략보다 고객의 가치평가에 의한 '세분화된 개별 마케팅'이 무엇보다 중요하다 할 수 있다. 즉, 선택한 목표고객(Target Market)에 대한 세분화되고 중점적인 마케팅활동이 필요하다 하겠다. 서비스의 효과를 증대시키기 위해서는 여러 가지 복합적인 전략이 필요하다.

항공운송서비스의 상품으로서의 특성은, 그것이 무형재이기 때문에 첫째, 무형태의 운송서비스로서 무형성, 둘째, 항공기 출발과 동시에 소멸되어 재고가 불가능 하다는 점에서 소멸성, 셋째, 생산활동의 대부분이 소비자에게 판매되는 시점에서 직접적으로 이루어진다는 점에서 생산과 소비의 동시성으로 요약할 수 있다.

1) 무형성(Intangibility)

유형 상품과 달리 서비스상품은 구매 전에는 보거나, 만지거나, 느끼거나 소유할 수 없다. 항공상품을 구매한 고객이 탑승하기 전까지 소유한 상품은, 항공권과 고객의 목적지까지 안전한 운송에 대한 약속밖에 없다. 또한 탑승시에는 이동하는 기간동안 사용할 수 있는 좌석에 대한 권한만 구매하는 것으로, 하기시에 고객에게는 오직 영수증(Passenger Coupon)만 남을 뿐이다. 하지만 서비스상품을 구매한 고객은 빈손으로 가지만 머릿속은 비어 있는 것이 아니라, 서비스를 이용하는 동안 상품에 대한 평가를 하고, 그 기억을 타인에게 전달 또는 공유하는 역할을 하게 된다. 따라서 서비스상품을 유형화 (Tangibilizing the Product)하는 데 도움이 되는 증거제공노력이 필요하다. 무형의 서비스상품의 주된 전략은 차별화 전략이 되어야 할 것이다.

<그림 2-8> 서비스상품의 특성 : 무형성과 전략

서비스산업의 고객은 유형 상품에 비해 가격에 민감하다. 따라서 서비스산업은 가격경쟁력 해결방안으로 차별화된 제안, 이미지, 전달수단의 개발이 필요하다. 호텔이나 레스토랑 등 서비스산업은 시각적 이미지(Visual Image)를 이용한 업체만의 독창적인 Trade Mark 개발, 환경보호일환으로 녹색운동에 참여 등 차별화 노력을 통해 서비스상품의 유형화에 노력하고 있다. 항공사는 개개인이 선택하여 관람할 수 있는 기내상영영화(In-flight movie), 사전 좌석배정서비스(Advance Seat Plan), 기내 장거리 전화서비스 제공, 침대형 좌석(Sleeper seat) 및 마일리지 프로그램(FFP: Frequent Flyers Program) 서비스 등을 혁신적인 차별화 전략으로 활용하고 있다. 그러나 서비스 차별화를 위한 개선활동들은 너무나 쉽게 동종업체에 모방된다는 어려움이 있다.

2) 소멸성(Perishability)

항공사의 생산제품은 수송서비스이다. 생산된 항공서비스(좌석과 화물탑재공간)는 일반제조업의 제품과는 달리 재고품으로 저장할 수 없는 즉시재의 성격을 지니고 있다. 일반적으로 제품의 생산과 판매 사이에는 재고라는 단계가 있다. 생산과 판매 사이에 어떤 불균형이 생겼을 때는 제조업자는 재고량을 조절함으로써 시장에 있어서 공급과잉이나 수요초과 등 수급(需給)의 불균형을 사전에 방지할 수가 있는 것이다.

그러나 항공운송사업에서는 생산하여 제공된 좌석이나 화물실의 공간이 항공기의 출발 전까지 70% 밖에 판매되지 않았을 경우에 나머지 30%는 판매되지 않은 상태로 운항하지 않으면 안 된다. 즉 각 운항편마다 생산된 상품 중에서 판매되지 않은 좌석이나 화물실의 공간은 재고라는 형태로 저장해 두었다가 나중에 수요가 생기면 판매할 수 있는 것이 아니고 항공기의 출발과 동시에 완전히 상품으로서의 가치가 소멸되어 없어진다. 따라서 항공사는 노선, 운항횟수 등 편리한 운항스케줄의 제공 등 수요유치에 유리한 노선망을 보유했는지 하는 것과 타사보다 우수한 항공기를 보유하여 경쟁노선에 투입하고 있느냐 하는 것이 중요하며 이것들이 영업상으로 절대적인 영향을 미친다. 무엇보다 서비스상품의 특성인 소멸성 때문에, 적정한 공급·수요관리는 가장 중요한 전략이 되고 있다.

<그림 2-9> 서비스상품 특성 : 소멸성과 전략

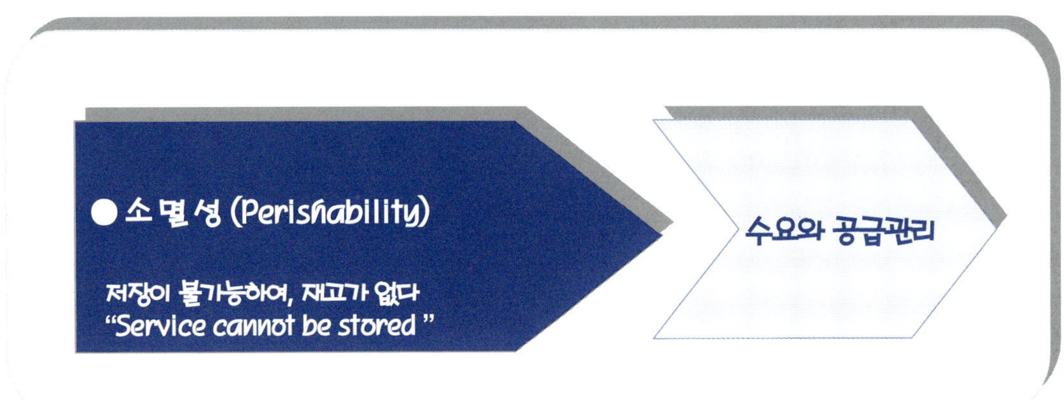

호텔, 레스토랑 등의 서비스산업도 재고가 없는 특성 때문에 예약관리가 중요한 역할을 하고 있다. 예약한 고객이 적정한 기간 내에 취소하지 않음으로써 판매할 기회를 잃는 결과를 가져오기 때문이다. 따라서 호텔이나 레스토랑 등에서는 예약취소 벌금부과를 공급과 수요관리방법으로 활용하고 있다.

항공사의 공급·수요관리시스템인 RMS(Revenue Management System)는 1980년대 이후 항공사를 중심으로 활발한 연구가 진행되었다. 호텔산업에서 적용되었던 Yield Management기법이 항공운송산업분야에 쉽게 확장될 수 있게 된 것은 항공사의 좌석과 호텔의 객실은 상품이 제공되는 시점 이후에는 상품으로서의 가치를 지속시킬 수 없다는 점이다. 즉, 특정시점에 판매되지 못한 상품의 가치가 지속될 수 없기 때문에, 상품의 변동비용 이상의 가격만 보장되면 정상가격 이하에도 동일한 상품을 판매함으로써 전체 수익을 증대시키는 것이다. 항공에서는 수익관리를 '적절한 가격으로 적절한 소비자에게 적절한 좌석을 판매하는 것'으로 정의하고 있다. 여기서 '적절한 가격'과 '적절한 소비자'는 항공사 입장에서 감내할 수 있는 최소가격과, 소비자가 부담할 수 있는 최대가격의 사이에 존재하면서, 현재 제공되는 가격보다는 낮은 가격을 의미하게 된다. 이때, 항공사는 낮은 가격의 항공권을 판매함으로 인해, 높은 가격으로 구매하려는 의사를 가진 소비자들이 낮은 가격의 항공권을 구입하는 가능성을 최소화해야 한다. 따라서 항공사 입장에서는 동일한 좌석등급에 대하여 다양한 요금수준을 준비하여, 각 요금수준의 이용조건을 제한하는 가격정책을 고려해야 한다. 또한, '적절한 좌석'을 판매하기 위하여, 각 요금수준별로 판매 가능한 좌석수량을 결정하고, 미탑승 및 해지를 고려한 예약통제를 실시해야 한다. 이러한 과정을 통하여 항공사의 좌석점유율(Load Factor)을 최대화함으로써 수익의 극대화를 추구하는 것이 항공사에 적용되는 수익관리의 기본개념이다.

3) 생산과 소비의 동시성(Inseparability)

대부분의 서비스산업은, 서비스 제공자와 고객이 서비스 거래가 이루어지는 순간에 함께 있어야 한다. 즉, 고객에게 응대하는 종업원은 곧 상품의 일부라고 할 수 있다. 뿐만 아니라 고객 또한 상품의 일부가 될 수 있기 때문에 다른 고객에게 불편을 초래하는 고객에 대한 관리책임이 있는 것이다.

이처럼 서비스산업의 상품은 소비자를 상대로 제공하는 것이기 때문에 품질의 균일화가 어렵다. 즉, 서비스 제공자의 기술(skill)이나 교환시의 태도에 의해 상품의 일관성이 달려 있다. 항공운송서비스도 언제, 어디에서, 누가 제공하느냐에 따라 서비스의 품질이 달라지기 때문에 모든 면에서 동일한 서비스를 실현한다는 것은 불가능하다. 오히려 서비스산업에서는 직원의 숙련이 중요하며 소비자에 따라 상품의 품질을 달리하는 것이 중요하다. 따라서 소비와 생산이 동시에 일어나는 서비스산업에서는 상품의 일부인 직원관리가 무엇보다 중요한 전략이라 하겠다.

〈그림 2-10〉 서비스상품의 특성 : 생산과 소비의 동시성과 전략

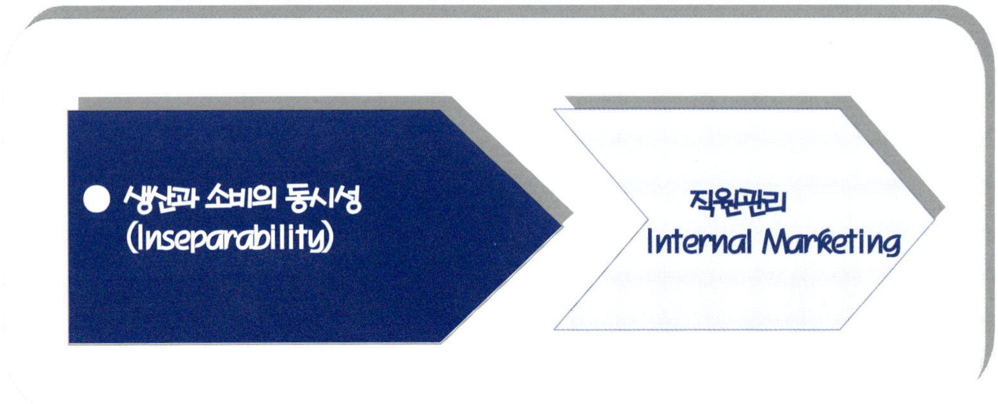

항공사는 여러 분야의 전문인력을 요구하는 사업이다. 항공기의 운항조종사와 기내 서비스를 제공할 객실승무원을 채용하여, 비행에 관련된 모든 교육훈련을 통하여 양성하여야 한다. 또한 고객으로부터 예약을 접수하는 예약직원, 적정운임을 계산하여 항공권을 발급하는 발권직원, 그리고 실질적으로 고객이 요청한 항공기에 탑승할 수 있도록 수속을 담당하는 운송직원들이 신속, 정확 그리고 친절하게 고객을 모실 수 있도록 양성하여야 한다. 이러한 일련의 서비스 과정들이 항공사에 대한 고객의 이미지로 자리 잡으며 하나의 중요한 상품이 된다.

제조업의 상품은 생산시스템조정으로 품질향상이 가능하나, 서비스품질은 변화하고 고객과 종업원사이의 상호작용에 많이 의존한다. 따라서 서비스산업이 성공하기 위해서는 고객과 동일하게 직원에게도 세심한 관심이 필요하다. 즉, 능력 있는 직원을 채용하여 지속적인 교육·훈련과 권한위임, 책임, 보상제공 등 동기부여를 통하여 고객과 직원 간의 긍정적인 관계를 지원할 수 있어야 한다.

유형 제품 대상의 전통적 마케팅은 4P(Product, Place, Price, Promotion)를 중심으로 한 외부마케팅(External Marketing)이 중요한 전략이었지만, 서비스산업은 내부(Internal), 쌍방향

(Interactive) 마케팅전략이 필요하다.

〈그림 2-11〉 서비스산업의 마케팅전략

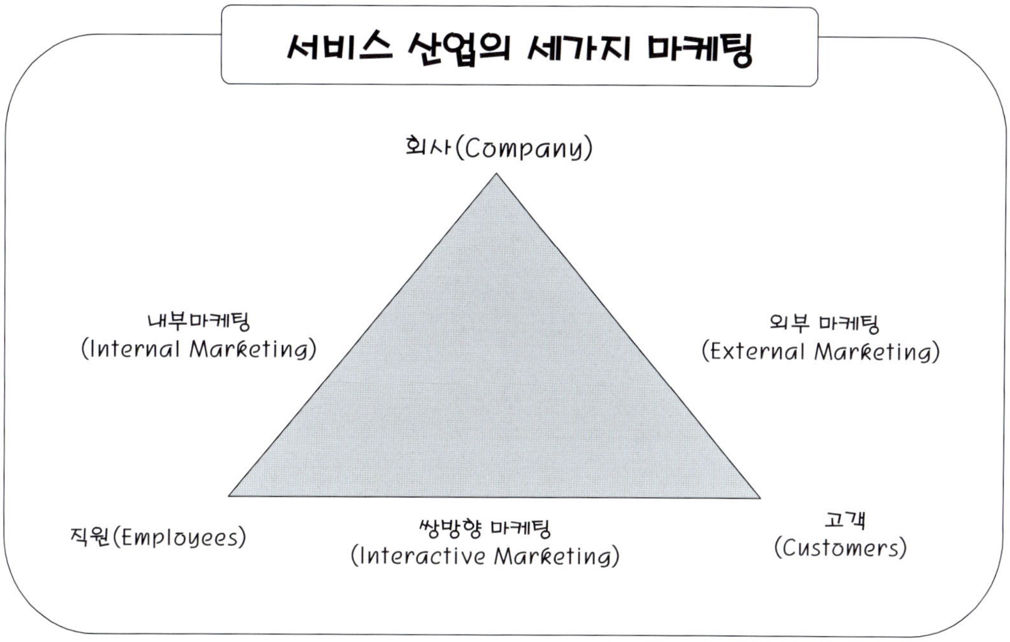

자료: Philip Kotler 외 2인, Marketing for Hospitality and Tourism, Prentice-Hall, 1999, p.45.

쌍방향 마케팅이란, 일반 유형 상품의 품질평가에서 상품전달수단은 별반 영향을 주지 않으나, 서비스산업에 있어서는 고객과 종업원 간의 상호작용, 즉 서비스 전달자와 전달시의 질에 따라 서비스품질이 평가됨을 의미한다. 따라서 직원이 중요한 의미를 가지고 있음을 알 수 있다.

내부마케팅은 외부마케팅에 선행되어야 하며, 고객접객직원(Front Line) 교육 및 동기부여를 통한 직원만족에 중점을 두어야 할 것이다. 만족한 직원은 생산적이고 충성스러우며 최선을 다하여 고객만족을 위한 업무수행을 통해 회사수익제고에 직접적인 영향을 가져올 수 있기 때문이다.

Ⅱ. 항공사의 주요 마케팅 TOOL 및 전략

항공사 영업환경의 변화가 마케팅 프로세스에 영향을 미치므로 새로운 경영도구의 필요성이 등장하게 되었다. 특히, 항공시장 자유화의 여파로 촉진된 경쟁의 심화, 저운임 항공사의 등장과 시장잠식, 항공테러 이후의 급격한 수요감소 등은 기존의 전통적 방식의 항공사 경영방식에 변화를 요구하고 있다. 이 같은 변화의 기반을 이루는 중요한 요인의 하나가 인터넷을 축으로 하는 IT기반의 마케팅 방식이라 할 수 있다. 항공사 마케팅환경의 변화와 함께 주요 마케팅도구(Marketing Tool) 또한, 컴퓨터 예약시스템, 마일리지 프로그램(FFP), 전자항공권 등 IT가 기반이 된 Data와 항공사의 글로벌화에 필요한 제휴전략으로 확대되고 있다.

1. 컴퓨터 예약시스템(CRS : Computer Reservation System)

1_1. CRS의 기능 및 발달과정

CRS

Computer Reservation System

- 항공 예약 (Airline Reservation : 항공 구간, 호텔, 렌터카,,)
- 항공권 발권 (Ticketing)
- 운송 수속 (Check-In)
- 기타 (발권 정산, 고객 관리 등)

컴퓨터를 상업용으로 적용하는 데 있어서 항공사는 온라인 리얼타임 시스템(On-Line Real Time System)의 선구자라 할 수 있지만, 그 중에서도 가장 먼저 적용된 것이 컴퓨터 예약시스템(CRS)이다. 컴퓨터 예약시스템은 항공사, 호텔, 렌터카 등의 스케줄(Schedules), 운임(Fares), 규정(Rules), 좌석 가능편 조회(Availability)를 포함한 다양한 여행정보제공 및 항공사의 주요 업무인 항공예약, 항공권 발권, 탑승수속, 기내서비스 등의 기능을 제공한다. CRS는 항공산업의 발달과 함께 주요 기능도 시대적으로 변화되었다.

- **1960년대**에는 항공사 내부업무 자동화 단계로, 급증하는 항공승객의 정확한 예약유지 및 좌석의 효율적 관리를 위하여 AA가 IBM과 공동으로 예약자동화시스템 개발을 시작하여 1962년 최초의 CRS인 'Sabre' 개발하였으며, 이후 미주지역 항공사들이 독자적으로 CRS 개발 추진

- **1970년대**에는 대리점 예약시스템 운영단계, 1976년 AA가 최초로 여행대리점에 CRS를 설치한 이래 주요 항공사들이 각각 여행대리점에 자사의 단말기설치 추진

- **1980년대** 전반은 중립 CRS운영단계로 여행사에 단말기를 설치한 항공사가 자사 위주의 편향된 스케줄을 제공하여 CRS 미보유 중소항공사의 피해가 심각해짐에 따라, 미국 정부가 CRS의 스케줄 왜곡(Schedule Bias)을 금지하고 모든 항공사에 중립적인 서비스 제공의무를 부과하는 법안을 제정하여, 모든 CRS는 중립적 회사에 의해 가입항공사들의 예약/판매를 대행해 주고 일정한 수수료를 받는 사업체로 전환

- **1980년대** 후반은 지역연합 CRS의 출현시기로, 미국계 대형 CRS의 해외시장진입을 방어하기 위해 구주, 동남아지역 항공사들이 다자간 협력을 통해 지역연합 CRS를 구축(Galileo, Amadeus, Abacus)

- **1990년대** 전반에는 CRS간 통합 · 제휴추진, CRS간 통합 및 제휴를 통하여 경쟁력 강화추진(Galileo Int'l, Amadeus 등)

- **1990년대 후반은** Internet 지원체제 구축, 항공사의 새로운 유통채널(Distribution Channel)로서의 Internet Booking Engine 제공

- **2000년대 전반에는** New Generation CRS 개발, 기존의 Host 운영체제에서 탈피하여 개방형 운영체제를 갖춘 CRS 개발

<표 2-1> 세계 중립 CRS 현황

CRS명	지분사	주요 시장	기 타	
Sabre	Sabre	미주, 유럽, 아시아	Axess, Abacus와 제휴	Sabre
Galileo	Int' lCendant	미주, 유럽, 아시아	Apollo와 합병	GALILEO
Amadeus	AF, LH, IB	유럽, 미주, 아시아	Systemone과 합병	aMaDEUS
Worldspan	TTPC	북미, 유럽		worldspan
Axess	JL, Sabre	일본	Sabre와 제휴	AXESS
Abacus	CX, SQ, CI, Sabre	동남아	Sabre와 제휴	ABACUS the evolution of travel
Infini	NH, Abacus	일본	Abacus와 제휴	INFINI
TOPAS	KE, Amadeus	한국	Amadeus와 제휴	TOPAS in association with aMaDEUS
TravelSky	CAAC	중국		信天游® TRAVELSKY.COM

1_2. CRS를 활용한 마케팅

1950년대 이후 지속적인 항공수요의 증가로 인해 현재까지 수작업에 의존하던 예약의 운용 및 공급조절이 한계에 이르면서 전산화를 필요로 하게 되었다. 이를 위해 1964년 아메리칸 항공(AA, American Airline)은 IBM과 합작하여 항공사 최초의 컴퓨터 예약시스템(CRS)인 세이버(SABRE)를 개발하였다. 이후 타 항공사들도 지속적으로 예약업무의 전산화를 추진하였다. CRS는 여행과 관련된 다양한 정보를 제공하는 종합 여행정보시스템으로서, 정보통신산업의 발달과 함께 그 영역을 확대해가고 있다. 정보통신기술의 급격한 발달과 소비자의 다양한 욕구에 따라 CRS의 영역이 항공예약으로부터 호텔, 렌터카 예약, 자동발권, 자동운임계산, 여행정보제공, 대리점 회계처리 및 고객관리업무 등으로 확대되었다. 1976년에 AA가 최초로 여행대리점에 자사의 컴퓨터 예약시스템인 단말기를 설치함으로써 항공사와 고객과의 직접판매 외에 항공사-여행대리점-고객을 연결하는 간접판매의 유통채널을 활성화하는 계기가 되었다. 항공사 마케팅 툴(Tool) 중 하나인 CRS는 70, 80년대부터 항공사들의 주요한 판매수단으로 개발 및 발전시켜 왔다. 항공사들은 70년대와 80년대에 CRS와 여행대리점을 통한 유통채널을 개발함으로써 당시 수입 중 약 20%를 차지하고 있던 유통관련비용을 10%로 하락시킬 수 있었다.

<그림 2-12> 컴퓨터 예약시스템(CRS)의 진전과 역할의 변화

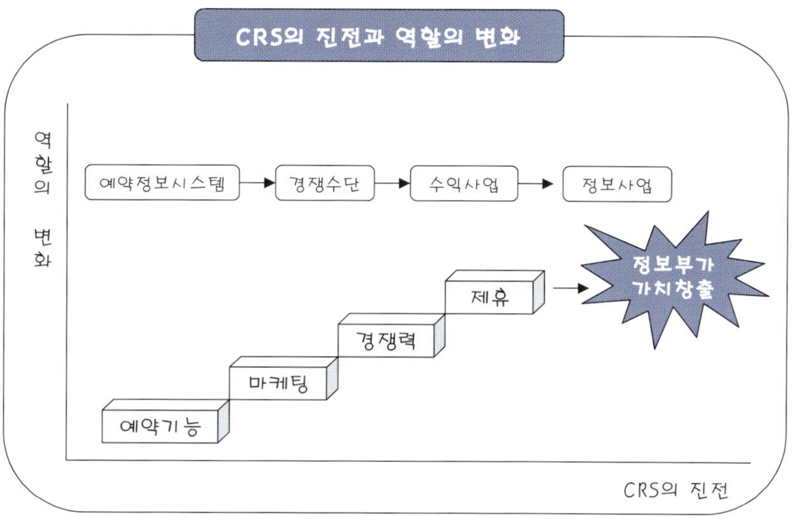

중립 CRS는 모든 가입항공사의 Schedule, 예약, 발권기능 등이 중립적으로 제공되며, CRS 운영회사는 이의 대가로 항공사들로부터 Booking Fee를 징수한다. 전세계적인 Network를 갖춘 CRS를 GDS(Global Distribution System)라고 하는데, 최근 세이버(Sabre), 갈릴레오(Galilo), 아마데우스(Amadeus), 월드스팬(Wordspan) 등의 각 GDS들은 시장성장의 한계를 보이고 있는 북미 및 유럽지역 위주에서 벗어나 아시아, 중국, 남미, 아프리카 등 전세계 대부분의 지역에 진출하여 치열한 시장쟁탈전을 전개하며 세계화(Globalization)를 가속화하고 있고, '규모의 경제' 논리로 인해 90년대 초반부터 CRS업체간의 제휴/합병을 추진, 군소 CRS들은 거대 CRS와의 제휴를 통해 지역 CRS로서의 명맥을 유지하고 있고, 결국 세계 CRS 시장은 3개 정도의 거대 CRS로 재편될 전망이다.

<그림 2-13> 컴퓨터 예약시스템(CRS)과 인터넷 연결개념도

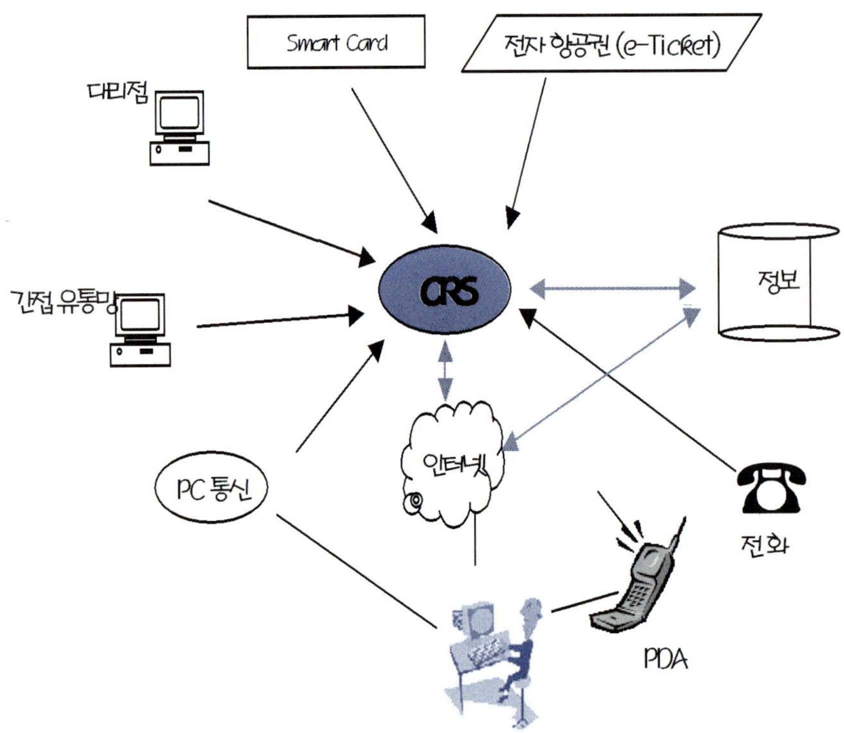

CRS 사용자들은 일정교육을 마친 항공사나 대리점의 직원들이었다. 일반소비자가 이 어려운 툴을 직접 다룰 수 있게 되리라고는 쉽게 생각할 수 없었던 것이 그리 오래 전의 일은 아니다. 그러나 이제 PC보급이 확산되고 네트워크 접속이 보편화되면서 누구나 자신의 PC를 통해 사무실이나 집에서 쉽게 구성된 화면을 따라 항공권을 직접 구매하게 되었다. 이제 항공권구매는 기본이 되었고 자신의 여정과 사정에 맞는 저렴한 요금을 자동으로 구성해 주고 호텔이나 렌터카와 같은 부대서비스를 포함한 완전한 여행(Seamless Service)을 지향하는 예약시스템이 필요하게 되어 개발된 것이 인터넷 예약엔진(Booking Engine)이라고 할 수 있다. 정보통신의 발달 및 인터넷의 보편화로 인터넷을 통한 항공예약 및 전자발권의 급속적인 증가로 항공사 또한 대리점에게 지급되는 판매수수료 절감을 위해 인터넷을 통한 직접 판매를 적극 확대하고 있다. CRS는 이에 대처하기 위해 대리점/소비자에게 자체적인 인터넷 예약엔진제공 및 제3자 예약엔진에 대한 Booking Source Data 제공으로 Booking Seg의 유출최소화를 추구하고 있다.

2. 상용고객우대제도(FFP : Frequent Flyer Program)

FFP

Frequent Flyers Program (항공사 Mileage Program)

- 비 가격 경쟁수단 – 차별화 전략
- 고객 애호도 증진 수단 – 시장 점유 비율 유지 및 확대
- 고객 데이터베이스 마케팅 (Database Marketing) 원천
- 기타 (제휴 : 항공사간 제휴, 크레디트카드, 호텔, 환전, 렌터카 등)

상용고객 우대제도는 항공사가 고객을 대상으로 하여 탑승거리를 기준으로 고객점수를 산정하고 이 점수를 기준으로 점수가 높은 우량고객에게 무료항공권 및 여러 가지 보상을 제공하는 제도이다. FFP는 공석을 이용한 최소비용의 판촉수단으로 일정시간경과 후 자동소멸되는 항공서비스 상품의 속성에서 발생할 수밖에 없는 공석을 판촉수단으로 활용하여 FFP를 운영함으로써 회원이 느끼는 혜택보다 훨씬 저렴한 비용으로 보너스 제공을 가능하게 하고 있다. 항공사의 FFP는 시장진입 및 방어의 비가격경쟁수단, 데이터베이스 마케팅(Database Marketing)의 원천, 시장점유비율 유지 및 확대, 고객애호도 증진수단이 그 도입목적이라 할 수 있다. 데이터베이스(DB)에 축적된 정보를 바탕으로 상용고객의 성향 및 여행형태를 파악하여 스케줄(Scheduling), 가격(Pricing), 판매촉진(Promotion)과 관련한 경영의사 결정자료로 활용 및 고객의 욕구 변화에 능동적으로 대응하여 불특정 다수를 대상으로 한 1회적인 거래가 목표가 아닌 총체적인 고객만족과 장기적인 관계달성이 목표라 하겠다.

<표 2-2> 국적항공사 FFP 현황

구 분	대 한 항 공	아 시 아 나 항공
마일리지 제도	1. 명 칭 : 스카이패스(SKYPASS)	1. 명 칭 : 아시아나클럽
	2. 종류 : 전체 5종 일반대상의 스카이패스, 모닝캄 클럽, 모닝캄프리미엄 클럽, 밀리언마일러클럽 어린이- 스카이패스 주니어 * 1984년 시작⇨1995년 현재 명칭으로 변경	2. 종류 : 전체 5종 일반대상의 아시아나클럽 실버, 골드, 다이아몬드, 플래티늄, 어린이- 매직 마일스
	2. 제휴항공사 : 스카이팀의 회원사 포함 11개 항공사	2. 제휴항공사 : 스타얼라이언스 회원사 포함 20개 항공사
	3. 제휴호텔 : 11개 업체	3. 제휴호텔 : 약 30 여개 업체
	4. 제휴 렌터카 : 허쯔, 아비스 2개 업체	4. 제휴렌트카 : 3개 업체
	5. 제휴신용카드사 : 11개 업체	5. 신용카드사 : 13개 업체
	6. 기타 제휴사 : 8개사	6. 기타 제휴사 : 6개사
주) 2006년 6월 기준		

미국정부의 항공산업에 대한 규제완화(Deregulation) 이후 1981년 AA(American Airline) Advantage Program 등 북미지역에 제한적으로 FFP를 도입하였고, 90년대에는 미주항공사에 대한 시장개방압력증가, 경쟁력 확보, 경품 관련 공정거래법 (소비자보호법) 등의 규제 완화로 구주 및 동남아 지역 내 항공사들도 경쟁적으로 도입 및 지역간 항공사끼리 마일리지 제휴 활성화로 글로벌 제휴 네트워크(Global Alliance Network) 형성 등 FFP간 경쟁심화로 프로그램간 동질화 경향이 나타나고 있다.

현재 항공사들은 고객정보활용으로 타겟마케팅(Target Marketing)을 구현하고, 인터넷 사용고객정보의 데이터베이스화, 인터넷예약을 위하여는 FFP 등록의무화, 인터넷 이용고객의 정보를 활용하고 있으며, 데이터베이스 마케팅(DB Marketing)과 이메일을 연계하여 마케팅전략을 운영하고 있다.

<그림 2-14> 상용고객 우대제도(FFP)의 진전과 역할의 변화

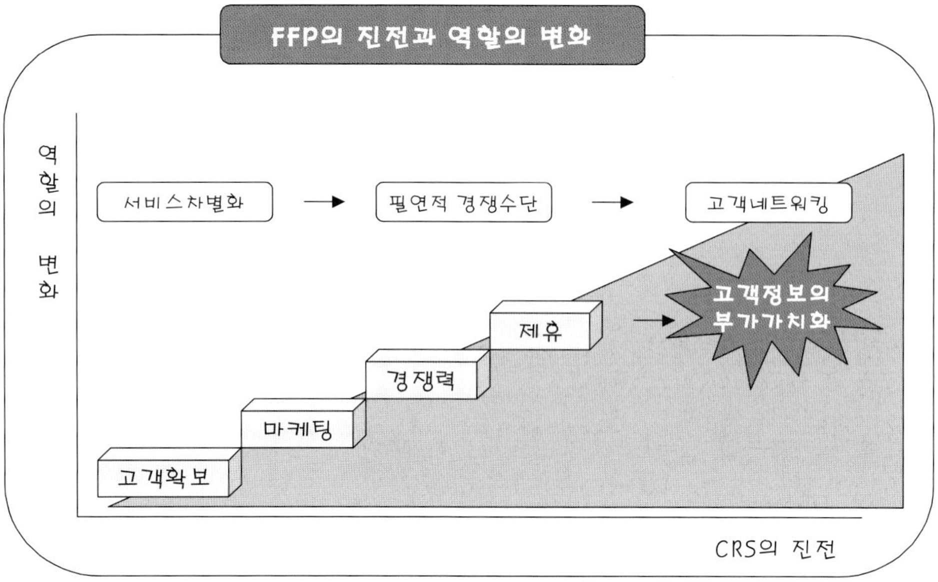

기존의 항공사 마케팅의 주된 수단은 FFP라고 해도 과언이 아니었다. 오랜 시간 고객의 정보는 쌓였고 이렇게 누적된 정보를 통해 고객의 성향과 구매패턴, 여행행태 등 각종 마케팅자료들이 추출될 수 있었다. 그러나 이러한 자료를 유용한 마케팅정보로 가공하여 활용하는 수준은 초보적인 다이렉트 메일(DM: Direct Mail) 발송정도에 그친 것이 사실이다. 그러나 인터넷시대에 이 같은 회원정보는 바로 회사수익에 지대한 영향을 미치는 주요 자산으로 적극활용하는 추세가 일반화되고 있다. 그 대표적 사례가 이메일(e-Mail)을 통한 일대일 마케팅이다. 개인의 네트워크 접속이 일반화되면서 많은 고객이 메일주소를 소유하게 되고 향상된 메일링 기술과 DB 관련 기술에 힘입어 똑같은 내용의 DM 발송이 아닌 개개인의 성향과 기호에 맞는 상품정보를 개별적인 내용으로 맞춰서 보내게 된 것이다.

3. 전자항공권 (e-Ticket)

전자항공권은 여객의 운송 또는 여객 관련 서비스에 대한 판매 방식의 하나로써 종이항공권의 형태로 발급하지 않고 해당 항공사의 컴퓨터 시스템(Data Base)에 항공권의 모든 세부사항을 저장하는 것을 의미한다. 즉, 현재의 상황(Status), 여행, 환불, 항공권의 재발행 등 전산으로 자유롭게 조회할 수 있으며, 사용자의 요구에 따라 전산으로 처리할 수 있는 방법이다. 따라서 전자항공권은 급변하는 시장 환경에 부응할 수 있는 새로운 형태의 발권시스템으로서 기존 종이항공권(Paper-Ticket)을 소지하는 경우에 발생했던 분실이나 도난 등의 위험이 원천적으로 봉쇄됨은 물론이고 실제 여행에 필요한 여권과 ITR(Itinerary & Receipt)만을 소지하도록 함으로써 불필요한 시간과 인력을 단축할 수 있는 제도라 하겠다. 전자항공권은 다른 종류의 항공권과 마찬가지로 신용카드 외에도 현금, 현금과 신용카드 혼용 등의 방법을 통하여 구입할 수 있다. 또한 발권하고자 하는 전 여정이 발권항공사 항공권(Stock)을 이용하여 전자항공권 발권이 가능한 여정, 즉 항공사간 전산협정(Interline Agreement)이 전자항공권으로도 가능한 항공사들로 연결된 여정인 경우에만 전자항공권으로 발권이 가능하게 된다. 즉 전체 여정 중에서 단 한 구간이라도 전자항공권 적용이 불가한 경우에는 전체 여정을 종이항공권(Paper Ticket)으로 발급하거나 해당 구간만 따로 분리하여 발권하는 방법을 선택하여야 한다. 이는 현재 모든 항공사가 전자항공권 시스템을 도입하지 않았기 때문이다. 하지만 IATA에서는 IATA에 가입한 모든 항공사가 2007년 말까지 전자항공권 발급을 의무사항으로 추진하고 있다.

전자항공권 환경에서도 각국 법률 및 국제 협약에 의거하여 항공권의 세부 내역과 법적 고지문등을 발권 후 여러 가지 방법을 통하여 반드시 고객에게 전달하여야 한다. 만약 이를 제공하지 않았을 경우에는 항공사 혹은 IATA 여행사에 이르기까지 법적 책임 부분에 문제가 발생할 우려가 있다. 또한 출입국 심사시에도 상대국 규정에 따른 통관이 진행되어야 하므로 복편 여정에 대한 항공권을 대신하는 증서로 ITR(Itinerary & Receipt)이 이용될 수 있음은 물론이다. 따라서 ITR 미소지로 입국이 거절될 수도 있음을 여행자에게 반드시 공지하고 여행기간 내내 소지할 수 있도록 해야 한다.

전자항공권의 개념은 이제 어느 정도 보편화된 개념이 되었다. 전자항공권(e-Ticket)은 항공료를 지불하되 항공권 실물을 받지 않는다는 의미로 항공권리스(Ticketless) 라고 불리 우기도 하는데, 고객은 편리성에서 항공사는 항공권 비용 절감 및 수입. 정산이 신속하다는 점에서 모두 유리하다고 볼 수 있으며, 이 것이 인터넷에서 더욱 그 진가를 발휘하고 있다. 현 시점에서 볼 때 보다 향상된 기술이 도입된 마케팅 툴로서 스마트카드(Smart Card)와 키오스크(Kiosk)라고 불리우는 무인 탑승 수속기(흔히 자판기 처럼 사용자가 스스로 작동시키는 자동장비)를 들 수 있겠다. 국제항공운송협회(IATA)는2010년께 전세계 항공권의 대부분이 전자항공권으로 대체 될 것으로 전망, 특히 미국의 경우 80% 이상이 종래의 종이비행기표에서 전자항공권으로 바뀔 것으로 전망 미국내 전자항공권을 처음 도입한 유나이티드항공은 현재 항공권의 50% 이상을 전자항공권으로 발급하고 있고, 현재 미국의 전체 항공기 항공권중 3분의 1이 이미 전자항공권으로 전환된 상태 이다.

아메리카웨스트에어라인(AWA)이 "전자항공권(e-Ticket)"을 도입하며 실시한 한 조사결과에서 인터넷 경영이 얼마나 절실한 가를 잘 보여준다. 여행사를 통해 항공권을 판매할 때 AWA가 지불하는 유통비용은 장당 평균 23불. 고객이 AWA의 예약부를 통해 직접 항공권을 구입하면 항공사 비용은13불로 줄어든다. 그러나 고객이 AWA의 인터넷 사이트(www.americawest.com)를 이용, 전자항공권을 사면 유통비용이 6불로 줄어든다는 결론을 얻어냈다. 종이 탑승권을 발매할 경우 컴퓨터 자판을 평균 54차례 두드려야 하지만 인터넷으로는 마우스를 5차례만 클릭하면 모든 절차가 끝나기 때문이다. 인터넷 도입이 항공사 경영에 얼마나 도움이 되는지를 선명히 나타내주는 대목이다. 인터넷은 원가절감은 물론이지만 고객에 대한 서비스도 획기적으로 개선하게 해준다. 이중 고객과 항공사를 하루 24시간 연결시켜 주는 것은 무엇보다도 두드러진 장점이다. 고객들로서는 인터넷 전 시대에는 구조적으로 접근할 수 없었던 각종 항공 정보도 손쉽게 구할 수 있게 됐다. 또한 전자항공권으로 종이사용에 들어가는 복잡한 절차를 대폭 간소화하고, 승객들에게는 지루하게 줄을 서야하는 불편도 덜게 됐다.

4. 제휴(Alliance)

항공사 제휴는 1979년 미국의 규제완화와 양국간 자유화 정책에서 비롯되어, 초기에는 미국 국내시장에서 시작되었으나, 차츰 국제시장에서도 양사간 제휴방식이 도입되어 확대되어 왔다. 항공사간 제휴는 시장자유화에 따른 경쟁시장에서의 필수적인 전략으로 정착되고 있다. 항공사들 간의 제휴가 활발한 이유는 첫째, 제휴를 통해 네트웍(Network)의 범위를 확대하고자 하는 것이며, 둘째로는 운항횟수를 증가시켜 시장에서의 경쟁력을 강화하고, 또한 기재 및 인력 등의 자원공유를 통하여 운영사의 효율을 달성함으로써 경영합리화 및 비용절감 이라는 목표를 동시에 달성하고자 하는 이유에서이다. 이 밖에 타 항공사의 경쟁적 행동을 사전에 통제하거나 수정시키고자 하는 목적으로 이용되기도 한다.

<그림 2-15> 항공사간 제휴의 목적

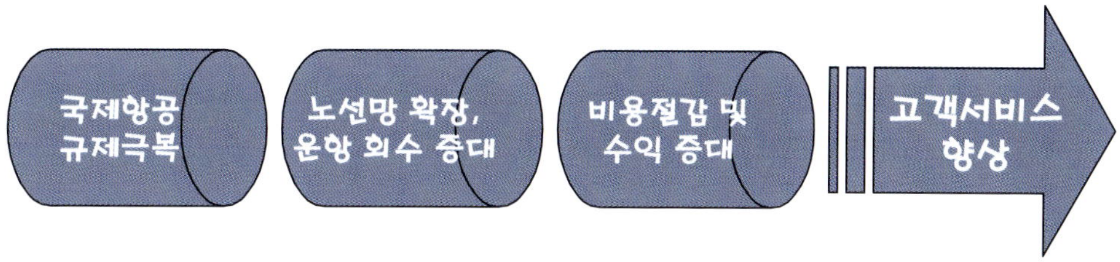

항공사들의 공급력 조절과 가격경쟁력 확보를 가능하게 하는 다자간 제휴전략이 세계경제경기의 하향세 속에서 수익성을 확보할 수 있는 유일한 전략으로 채택되고 있다.

항공사 제휴의 형태는 일시적인 노선별 제휴형태에서 포괄적인 마케팅제휴, 그리고 자본참가를 포함한 보다 강력한 전략적 제휴형태가 있다.

<그림 2-16> 항공사간 제휴의 유형

구 분	주요 내용
단순 노선 제휴 (Code Share)	• 특정 노선에 대하여 -공동 운항, 공동 편명(Flight Number) 사용 등의 형태 즉, 타사 항공편상의 좌석을 임차하여 자사의 편명으로 판매하는 영업형태
포괄적 마케팅 제휴 (Global Alliance)	• 제반 분야에서 협력관계 유지 - Code Share를 근간으로 FFP 제휴, 승무원 교환탑승, CRS 협력, 시설 및 인력 공동 활용, 지상조업/운항/정비 등의 제반 분야에서 협력. • 단, 지분교환이나 자본참가 배제
지분 제휴	• 상호간의 지분교환 및 일방의 자본참가 형태 - 전반적인 업무상의 제휴 포함, 하나의 항공사처럼 운영.

4_1 노선별 제휴(Code Share : 코드제휴 또는 공동운항)

노선별 제휴는 전통적으로 항공사간의 노선운영상의 효율성을 주로 도모하기 위해 이루어져 왔던 가장 단순한 제휴방식으로, 특정노선에 대하여만 공동운항(Code Share, 코드제휴) 등의 협력형태로 제휴관계를 체결하는 것이다. 노선별 제휴는 항공사간 공동운항(Code Share)으로, 운항항공사(Operating carrier)와 판매항공사(Marketing Carrier)로 구분할 수 있다. 실제로 항공기를 운항하지 않는 판매 항공사(Marketing Carrier)가, 실제 항공기를 운행하고 있는 운항항공사(Operating carrier)의 좌석을 일정한 조건하에 임차하여, 판매항공사(Marketing Carrier)의 코드(Code/편명)를 사용하여 판매항공사 상품과 동일하게 공시 및 판매하는 영업형태를 말한다. 국적항공사를 포함하여 전세계적으로 노선별제휴는 점차 증대되어, 제휴항공사에 공급력을 제공해 주는 “Operating Carrier”와 운항은 하지 않으면서 제휴항공사 운항편에 코드를 공유하여 영업활동을 하고 있는 “Marketing Carrier”의 역할분담이 계속적으로 확대되고 있는 추세다. 따라서 운항 항공사와 판매항공사의 역할에 대한 정확한 이해가 필요하다 하겠다.

<그림 2-17> 운항항공사와 판매항공사 역할

구 분	제공 업무 내용
판매 항공사 (Marketing Carrier)	• 항공 좌석 예약 서비스 • 항공권 발권 • 항공좌석(항공권) 판매 • FFP 적립 및 이용 관련 제반 서비스 제공 등
운항 항공사 (Operating Carrier)	• 운송/운항 관련 제반 서비스 제공. - 승객이 실제 탑승하는 항공기 - 승무원 서비스 - 탑승 절차 - 이용 공항의 Terminal - 비행기 교환탑승에 필요한 최소시간 (MCT) 등 • 고객의 탑승수속 - 운항 항공사 카운터에서 시행.

예약, 발권, 판매 및 FFP Mileage 입력은 마케팅 항공사의 제반규정에 준하여 이루어지나, 승객이 탑승하게 될 실제 항공사, 승무원, 탑승절차, 이용공항의 Terminal, 비행기 교환탑승에 필요한 최소시간(MCT: Minimum Connecting Time) 등 제반운항·운송 관련 서비스는 실제 운항항공사를 기준으로 적용되므로 탑승수속은 실제 운항항공사의 카운터(Counter)에서 이루어져야 한다. 따라서 공동운항편의 경우, 승객에게 실제 운항항공사에 대한 철저한 안내가 이루어지지 않으면 고객의 불편을 초래할 수 있다. 공동운항(Code Share)의 운영방식은 Blockspace 방식과 Freesale 방식으로 구분된다. Blockspace 방식은 좌석상태 및 예약기록의 교환 없이 할당된 좌석(Block)

범위 내에서 판매하는 방식으로서, 다시 Hard Block과 Soft Block으로 구분된다. Hard Block은 운항항공사로부터 일정규모의 할당받은 좌석을 비행편 수속(Check-in)시까지 보장하는 좌석운영 방식을 의미하며, Soft Block이란 판매상황에 따라 일정시점에 운항항공사에게 미 사용한 좌석을 반납(Seat Release)하고 유효한 판매 좌석만 유지하는 형태의 좌석운영방식을 말한다.

Freesale 방식은 예약기록 및 Inventory 유지방식을 기준으로, 상호 좌석상태를 실시간으로 교환하고 예약기록을 상호유지하는 방식을 의미한다.

4_2 포괄적 제휴(Global Alliance)

노선별 제휴보다 협력의 범위가 확장된 형태로는 전반적인 기업의 마케팅이나 영업에 대해서 제휴를 맺는 포괄적 마케팅 제휴를 들 수 있다. 이러한 제휴는 상호지분교환이나 자본참가는 배제된 형태의 제휴로써 특정노선(상대 운항사의 네트워크를 포함하기도 함)의 공동운항을 근간으로 FFP 제휴, CRS 협력, 시설 및 인력공동활용, 승무원 교환탑승, 지상조업, 운항, 정비 등 제반분야에서 협력관계를 형성하는 것이다.

<표 2-3> Global Alliance 현황

구분	sky team	One-World	Star-Alliance
제휴연도	2000년	1999년	1997년
회원수	12개 항공사	8개 항공사	21개 항공사
회원 항공사	대한항공, 에어프랑스, 델타, 알리탈리아, KLM, 에어로멕시코, 체코항공, 노스웨스트, 콘티넨탈, 아에로플로트	아메리칸에어, 영국항공, 캐세이퍼시픽항공, LAN, 콴타스, 이베리아항공 등	아시아나항공, 에어캐나다, 에어뉴질랜드, ANA, 루프트한자, 타이항공, 유나이트드에어, 싱가폴항공, 스킨디나비아항공, 바릭항공 등

세계 항공사간 제휴를 통한 마일리지 공유, 노선공유, 항공사간 동일 손님에 대한 동일서비스 구현 등 현재 진행 중인 다양한 전략적 제휴가 온라인에서 새로운 공조로 모색되고 있다. 또한 공동브랜드, 공동 Data Base 구축, 글로벌 제휴(Global Alliance)체제에 부응할 수 있도록 IT 부문에 있어서의 항공사간 표준화 확대 및 선진기술의 적극적인 습득노력이 필요하다. 이처럼 항공사간 경쟁적으로 확대되고 있는 제휴정책은 글로벌 네트워킹(Global Networking)을 가능

하게 하는 인터넷 환경에서 무엇보다 효율적인 운영이 기대된다 하겠다.

4_3 지분제휴

협력의 형태가 포괄적 제휴보다 더욱 강화된 제휴로는 상호간의 지분교환 및 일방의 자본참가를 통한 포괄적인 지분제휴로서 이는 단순히 상호지분교환이나 일방의 자본참가만을 의미하는 것이 아니라, 전반적인 업무상의 제휴를 포함하게 되어 항공사간에 비교적 장기적인 관점에서 관계를 맺음으로써 마치 하나의 항공사처럼 운영하는 전략적 제휴라고 할 수 있다.

4_4 FFP 제휴

항공사간 제휴에서 FFP 제휴는 코드제휴시 항시 동반되는 사안이기도 하지만, 코드제휴 없이도 단독적으로 활용되고 있기도 하다. 내부적으로 항공사간 마일리지 정산이나 내용수정을 위해 정기적인 협상이 이루어지고 있다. 코드제휴 그룹 항공사간에 1:1의 양자간 FFP 제휴가 다자간 FFP 제휴보다 선호되고 있다.

Ⅲ. 항공여객상품의 유통(판매)

1. 유통경로

모든 상품은 판매되고 소비되는 것을 전제로 생산된다. 상품이 시장에서 어떠한 경로를 거쳐서 소비자에게 판매되느냐 하는 상품 흐름의 순서를 유통경로 또는 판매경로라고 한다. 항공사의 판매 경로는 크게 직접판매경로(Direct Marketing Channel)와 간접판매경로(Indirect Marketing Channel)로 구분할 수 있다.

<그림 2-18> 항공사의 판매경로

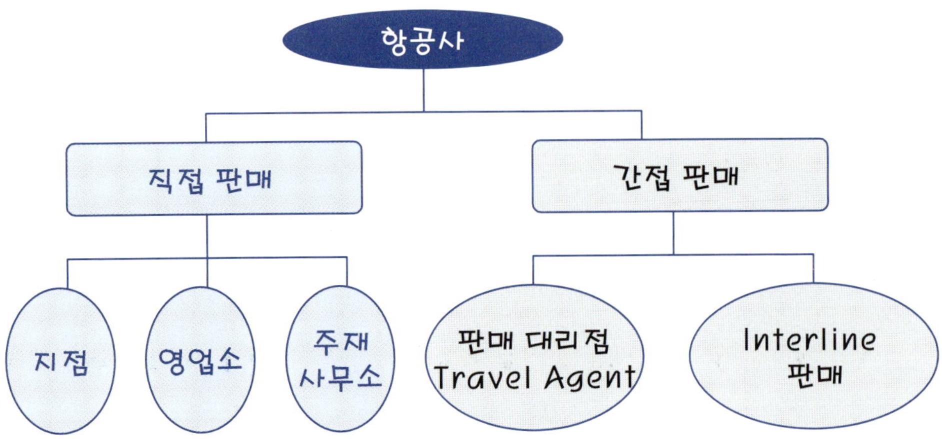

한국지역 국제선의 판매경로는, 국적항공사 기준으로 직접판매 약 10%, 다른 항공사에서 판매해주는 Interline 판매가 약 4% 수준인데 비해, 약 85% 이상의 판매가 항공사의 판매대리점인 여행사에서 이루어지고 있다. 항공수요가 양적으로 급격히 증가하고 있는 상황에서, 한국지

역 뿐만 아니라 전세계적으로 거의 80% 이상의 판매가 판매대리점인 여행사를 통해 간접판매 형태로 이루어지는 동일한 양상을 보이고 있다.

1_1. 직접판매경로(Direct Marketing Channel)

항공사는 자사가 취항하고 있는 지역이나 주요 도시에 지점, 영업소 또는 주재사무소를 설치하여 일반 불특정 수요를 대상으로 판매활동을 직접 전개하고 예약의 접수, 항공권의 발행, 여행의 안내 등 제 활동을 하고 있다. 이와 같이 중간 중개상 없이 자사조직을 통하여 이루어지는 판매를 직접판매라고 부른다.

<그림 2-19> 직접 판매 형태

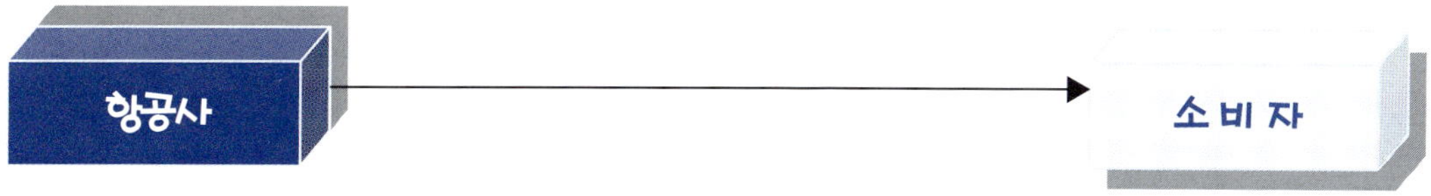

정부, 국영기업, 대기업, 국제교류센터, 종교단체, 유학원 등에 대하여는 항공사가 직접적인 판매활동을 전개하여 자사편의 이용을 촉진하고 있다. 또한 항공사의 지점이나 영업소에 설치된 영업장의 카운터를 통하여 직접 고객에게 항공권을 발권하고 자사의 각종 상품을 - 예를 들면 마일리지 보너스 항공권 등 - 판매함과 동시에 항공편의 예약, 기타 각종 서비스를 제공하고 있다. 직접판매가 차지하는 비율은 그다지 크지 않지만 카운터는 고객에 대한 항공사의 얼굴로서 선전광고의 장소가 된다는 점에서 대단히 중요시되고 있다.

1_2. 간접판매경로(Indirect Marketing Channel)

항공수송의 질적·양적 발전에 따라 항공사의 지점이나 영업소 등 직접판매망만으로는 충분하지 못하였고, 전 시장을 대상으로 시장개발과 수요유치활동을 하지 않을 수 없게 되자 각 항공사는 그 지역의 판매전문업자로 하여금 판매, 예약, 발권 등의 업무를 대리하게 하는 간접판매망을 구성하여 운영하고 있다. 항공판매대리점 업무는 항공사와 여행 사간의 계약에 의하여 성립되며 항공사의 판매대리인으로서 여객이나 화물의 판매획득을 위한 판매촉진 및 유치활동을 하며 항공사의 운송약관이나 운임에 따라 여객 및 화물에 대한 항공권 또는 화물운송장을 발송하고 인수하는 것이다. 항공사는 항공판매대리점인 여행사에 소정의 대리점 수수료를 지불한다.

항공사의 간접판매경로는 크게 여행사와 타 항공사에서 판매되는 경로로 구분할 수 있는데, 판매 대리점인 여행사의 판매경로는 다시 <그림2-20>와 같이 일반 소매여행사와 소매여행사를 대상으로 하는 도매여행사(Wholesaler)를 중개상으로 하여 소비자에게 판매되는 경로 1, 경로 2로 분류된다. 뿐만 아니라 일반 소매여행사간에도 판매중개상으로서의, 계약대리점 또는 Sub-Agent의 형태의 판매경로인 경로1_1의 유통형태도 많이 찾아볼 수 있다.

<그림 2-20> 간접판매경로

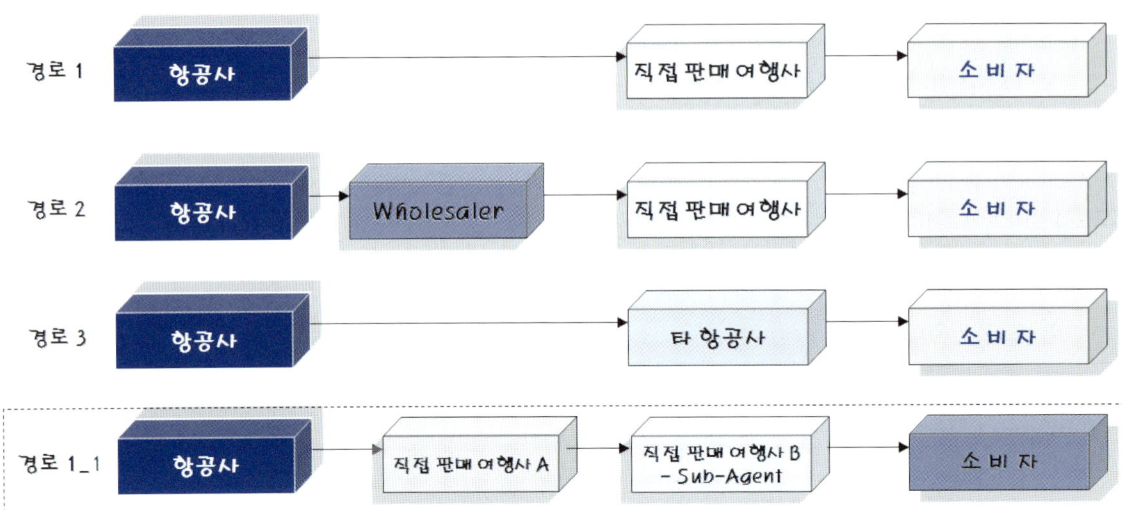

1_3. 여행사의 유형별 특성

1) 판매형태에 따른 분류

도매상인 Wholesaler(W/S) 여행사는 소비자에게 직접 판매하는 것이 아니라, 일반 소매여행사에 소정의 수수료를 지급하고 항공권 및 관광 패키지 상품을 판매한다. 소매여행사는 W/S 여행사를 제외한 모든 여행사가 포함되는데, <표 2-4>에서 보는 바와 같이 판매특성 및 주수요에 의해 IVR, 패키지, On-Line 여행사, 유학생 전문, 성지순례 전문, 일본 개인상인 전문, 산업연수생 전문, 이벤트 전문, 베트남 전문 등으로 세분된다.

<표 2-4> 판매특성에 따른 여행사 유형

여행사 유형	판매 특성 (주 수 요)
Wholesaler (W/S) (간접 판매)	중소 여행사 대상 - 항공권 및 관광 패키지(PKG) 수요
직접판매 여행사	청장년, 학생, 연수, 친지 방문, 관광 수요, 중소 기업 출장 등 여행 수요 전부 판매 - W/S 외 모든 여행사를 포함
* IVR 상용 여행사	대기업 출장 수요 - 삼성, LG, 현대, SK ....등 *IVR (Incentive Volume Rate)
기획 여행사 (Package)	관광 목적 고객 대상 - 기획여행 광고 이용, 모집 수요 (항공권 + 호텔 및 숙박 + 현지 지상 등등..)
On-Line 여행사	One-stop service를 원하는 고객 대상, ON-Line 활용. Retail 여행사와 유사한 특성의 고객
기타 전문 여행사	유학생 전문, 성지순례 전문, 일본 전문, 산업 연수생 전문, 이벤트 전문 등

2) 계약형태에 따른 분류

항공판매 대리점인 국제선 여행사는 계약형태에 따라 IATA여행사인 BSP, Non-IATA여행사인 ATR로 구분되고 있으며, 한국지역의 국제선 판매는 약 2,000여 개 판매계약 여행사에서 이루어지고 있다.

<표 2-5> 계약형태에 따른 여행사 유형

2009년 8월 기준

구분	발권(Ticketing)	수수료	대리점인가
IATA:BSP (Billing And Settlement Plan)	여행사 자체발권 -BSP 항공권 보유	5%, 7%, 9%	·IATA KOREA, AAS 통해 인가 요청
Non-IATA:ATR (Air Ticket Request)	항공사에 발권의뢰	5%, 0%	·항공사와 개별 계약

IATA 대리점의 자격요건, 임명절차, 권리의무 및 벌칙에 관하여는 IATA 운송회의 결의(IATA Resolution)에 규정하고 있다. IATA 대리점은 IATA 본부의 공식인정을 받아야 하고 인정이 되면 IATA 가맹항공사 전부와 대리점계약을 체결할 수가 있다. 따라서 IATA 대리점은 특정의 항공사 전속대리점이 아니며 가맹항공사 모두의 공통대리점이다. 이 때문에 자격취득의 조건이 엄격하며 더욱이 대리점 활동은 IATA 규정의 제약을 받는다.

<그림 2-21> IATA KOREA 업무현황

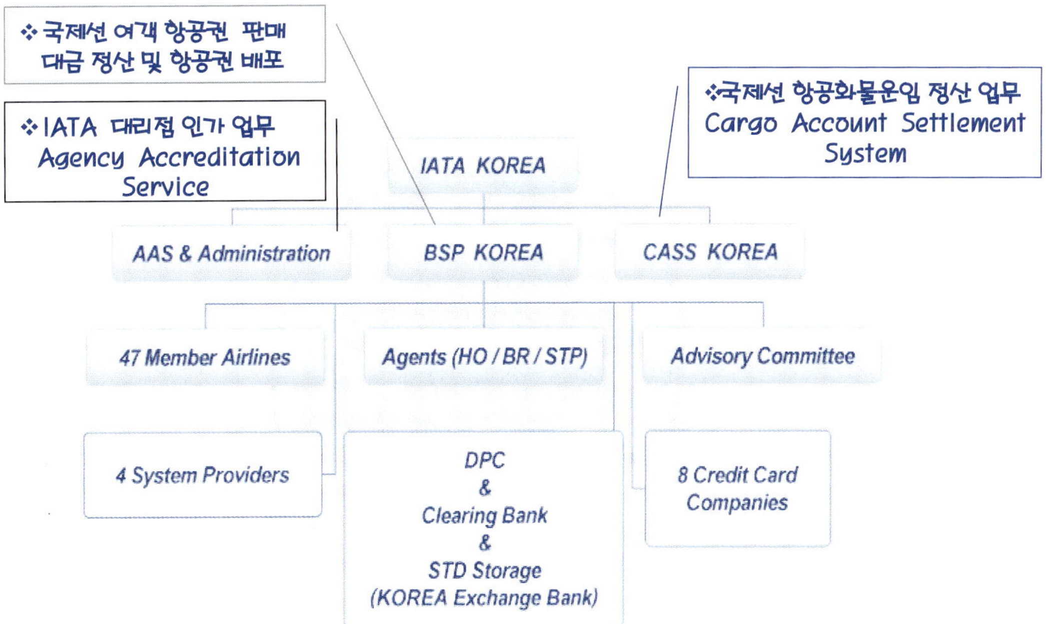

한국지역의 IATA 업무는 IATA KOREA에서 수행하고 있으며, 주요 업무는 IATA 대리점 인가업무(AAS), BSP 항공권 배포(BSP KOREA) 및 항공화물운임 정산업무(CASS) 등으로 분류할 수 있다. IATA 대리점 인가절차는 <그림 2-22>에서 보는 바와 같이 일정한 조건을 갖추고 절차를 따라야 한다.

<그림 2-22> IATA 대리점 인가절차

IATA 대리점 인가 절차

■ IATA 대리점 인가 처리 기간 : 인가 기준 완료 후, 신청일로부터 32일
* 최소한의 기간으로 1~2주 지연 가능

■ IATA 대리점 인가 기준
- 재 정 : 납입 자본금 1억 이상 (국외, 일반 여행 업 모두 해당)
- 인 력 : 국제선 여객 발권 경력이나 교육 이수자 2명 이상
  * 자격 요건 : 항공사나 BSP 여행사에서 최근 5년이내 2년 이상의 국제선 발권 경력자 and 발권 STEP 1 자격증 소지자

■ IATA 대리점 인가 처리 비용 : USD 1,145.00

2. 항공사의 판매

항공사는 직접판매망 및 간접판매망을 통하여 다각적인 판매활동을 전개하고 있다. 간접판매의 역할을 담당하는 판매대리점인 여행사는 특정 항공사의 판매만을 전담하는 것이 아니고 일반적으로 많은 항공사의 대리점을 겸하고 있기 때문에, 자사의 상품을 타 항공사보다 우선적으로 고객에게 팔도록 하지 않으면 안 된다. 이러한 점에서 항공사의 대리점 정책은 대단히 중요하며 항공사의 전체 판매에 미치는 영향도 대단히 크다. 항공사의 판매요원은 전사적인 대리점 정책 및 각 지역별 대리점 정책을 치밀하게 수립하여 자사상품의 판매나 서비스 제공에 최선을 경주할 필요가 있다. 대리점판매가 각 항공사의 총 매상고에서 점유하는 비율이 커져 거의 80% 이상을 점유하는 점을 감안하면 가장 중요한 판매경로가 아닐 수 없다.

따라서 각 항공사는 판매조직을 서울, 부산 등 지방에 유지하고 있다. 각 지점 내의 판매조직은 <그림 2-23>과 같이 그려 볼 수 있다.

정부기관의 공무수행을 담당하는 GTR(Government Travel Request)과 대기업 등 전문기관을 직접 담당하는 Commercial Account(C/A)는 직접판매에 해당되며, 간접판매는 타 항공사를 담당하는 Interline, 국내선 판매팀과 가장 규모가 큰 국제선 판매팀으로 분류할 수 있다. 국제선 판매팀에 속한 영업직원들은 각각 여행사를 담당하여 판매활동을 전개하는데, 여행사 규모에 따라 한 직원이 여행사 1개에서 10개 이상 담당자까지 담당자를 지정하여 운영하고 있다.

<그림 2-23> 한국국적 항공사의 판매조직

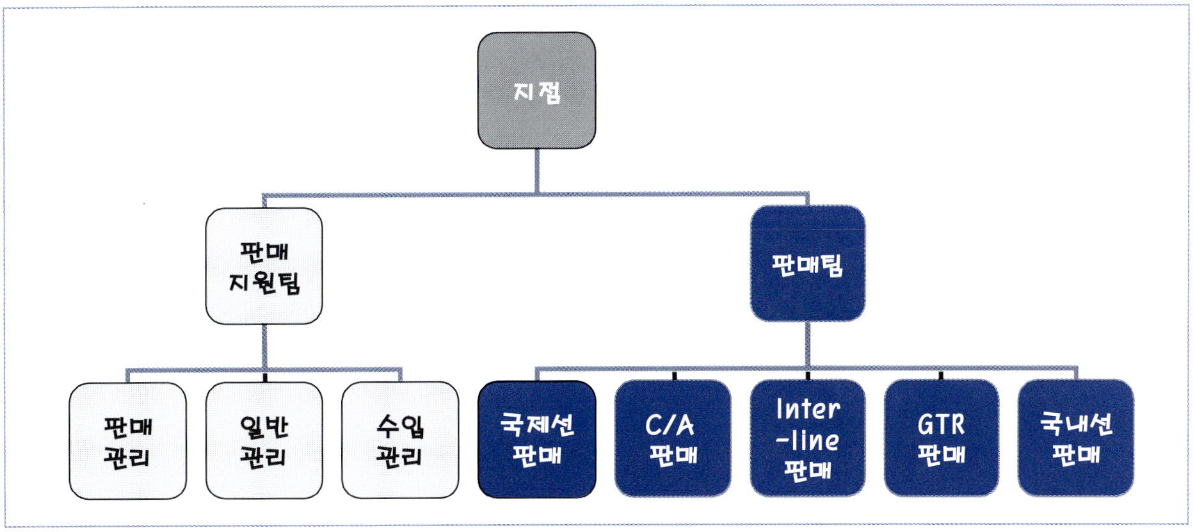

항공사 국제선 판매의 유통채널에는 직접적인 방법인 인적 요인과 보조수단인 시스템을 통한 정보제공을 들 수 있다. 인적 요인은, 영업직원인 Sales Representative(S/R)로 국제선 판매여행사, 정부기관, 기업체, 타 항공사 등을 담당한다. 여행사 담당 S/R은 수시로 여행사를 방문하여 자사의 상품에 대한 스케줄, 가격 등의 정보를 제공하며 여행사가 유치한 수요에 대하여 상담을 하기도 한다. 때에 따라서는 수요가 부진한 노선에 대한 판촉정보제공 등을 통해 신수요개발을 유도하는 역할을 담당하기도 한다.

항공사의 S/R은 직접적인 수요유치활동은 하지 못하지만, 항공사와 여행사 간의 매개체 역할을 통해 가장 신속하게 수요의 흐름을 파악·보고하여 항공사의 단기마케팅전략결정의 중요한 역할을 담당한다. 또한 즉각적인 판단에 의한 의사결정을 통해 타사와 경합 중인 수요를 자사로 유치하여, 경쟁사을 대비한 자사의 판매시장 점유율(Marke Share) 확대의 주된 역할을 담당하게 된다.

<그림 2-24> 항공사의 국제선 판매유통채널

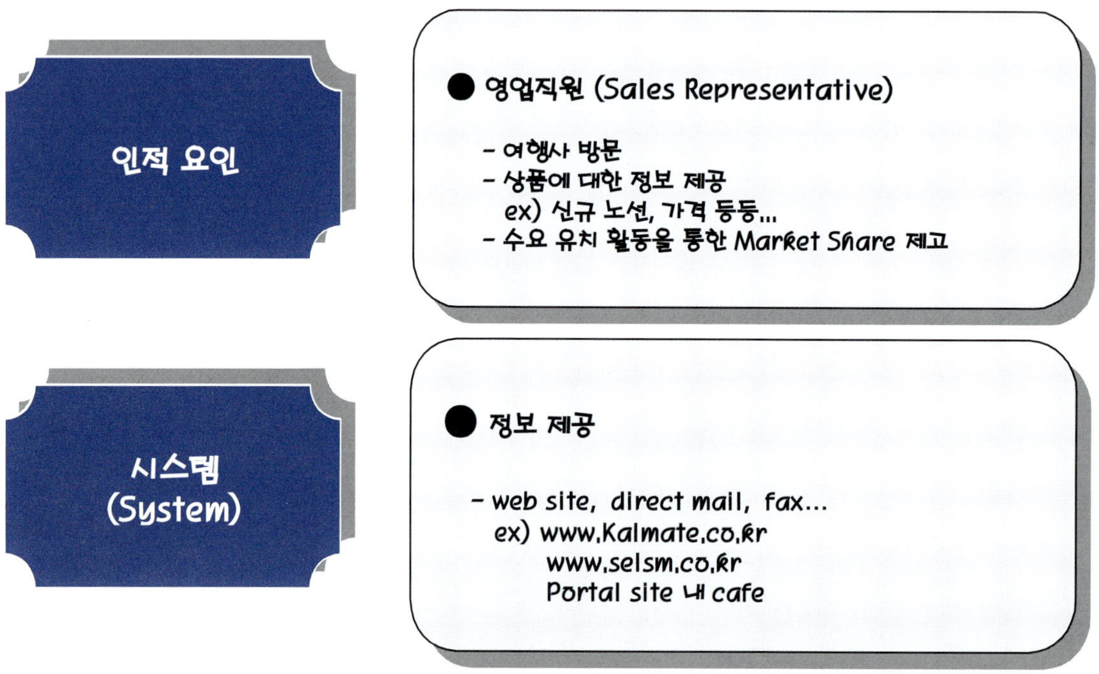

보조적인 수단으로 활용되고 있는 시스템은 최대한 빠른 시간 내에 정확하고 신속하게 자사의 상품에 대한 정보를 제공하여 판매증대로 연결시키는 것이 주요 역할이라 할 수 있다. 한국지역의 항공사들의 정보제공 시스템에는 여러 가지가 운영되고 있다. 정보제공 채널로는 자사의 홈페이지, 지점에서만 운영되는 독자적인 Web Site, Portal Site내의 Cafe, Direct Mail, FAX 송부, 직원들 간의 Messenger 및 www.topas.net 내 항공사 Site 등을 활용하고 있다. 점차적으로 인적 요인만큼이나 큰 비중으로 항공사 판매의 주된 역할을 담당하고 있으므로, 항공사들은 더욱 편하고 신속하게 정보를 교환할 수 있는 시스템의 개발에 주력하고 있는 것이 현실이다.

참고문헌

현대항공운송론, 이태원, 서울컴퓨터프레스, 1991
항공경영학, 허희영, 명경사, 2002
항공사의 전자상거래 연구, 서선, 경기대학교 석사논문, 2000.

A Portfolio Approach to Strategic Airline Planning, M.L. Thomas, Peter Lang Bern, 1997,
Marketing for Hospitality and Tourism(2nd edition), Philip Kotler/John Bowen/James Makens , Prentice Hall, 1999

www.koreanair.com
www.flyasiana.com
www.iata.co.kr

Part2

항공여객 예약 실무
TOPAS/ABACUS

제1장 항공예약업무내용

제2장 TOPAS/ABACUS 항공예약실무

RESERVATION II

제1장

항공예약 업무내용

I. 항공예약의 경로

II. 항공예약업무내용

1. 예약좌석등급
2. 예약코드

III. 항공예약의 기초

항공여객 실무론 I

항공 여객 예약실무

제1장 항공예약업무내용

Ⅰ. 항공예약의 경로

항공운송업에 있어서 예약은 항공사의 상품인 좌석이나 화물실 공간을 판매하는 영업행위의 일환이다. 항공수송에 있어서 여객이 항공사로부터 받게 될 최초의 서비스는 항공좌석에 대한 예약서비스이다. 항공사의 입장에서 보면 항공운송상품은 재고보존이 불가능하기 때문에 매편마다 출발과 동시에 판매되지 않고 남은 부분은 상품의 가치를 상실하게 된다. 즉 특정시간대, 요일, 혹은 특정구간에 수요가 편중되지 않도록 균형을 유지하고 최대의 수입을 확보할 수 있도록 사전예약제도를 채용하고 이를 철저하게 관리할 필요가 있다. 따라서 항공사는 각 운항편마다 초과예약(Over Booking) 되거나 판매되지 않은 좌석이 생기지 않도록 항상 예약상황을 정확하게 파악하고 있지 않으면 안 된다. 왜냐하면 항공사는 판매의 기회를 상실하지만 여객에게는 상당한 불편을 주게 되기 때문이다. 따라서 여객의 편리와 항공사의 이익을 위하여 항공사의 예약업무는 정확, 신속하게 처리될 수 있도록 되어 있지 않으면 안 된다. 대량 고속수송시대가 개막되면서 예약방식도 컴퓨터화되어 대량처리가 가능하게 되었고 예약의 정보시스템화는 더욱더 항공사의 중요한 기능이 되고 있다.

항공운송사업에 있어서 예약기능은 상품의 판매에 전념하는 예약판매(Reservation Sales)기능과 상품인 좌석의 재고를 관리하는 예약관리기능으로 대별할 수 있다. 예약판매는 항공사의 지점이나 영업소를 중심으로 이루어졌으나, 항공사 총판매의 80%이상을 차지하고 있는 여행대리점에 자사의 컴퓨터 예약시스템인 단말기를 설치함으로써 항공사와 고객과의 직접판매 외에 항공사-여행대리점-고객을 연결하는 간접판매의 유통채널이 활성화되었다. 전세계에 위치하고 있는 여행대리점 및 타 항공사에서도 각각의 예약시스템을 통해 해당 항공사에 대한 좌석예약이 이루어 지고 있다. 즉 여객예약의 접수경로는 가장 보편적으로 전화 · 팩스가 있으며, 여행대리점 및 타 항공사 시스템을 통해 접수되고 있다. 최근에는 인터넷을 통한 온라인(On-line) 접수방법이 대중화되고 있다.

<그림 1-1> 항공예약의 경로

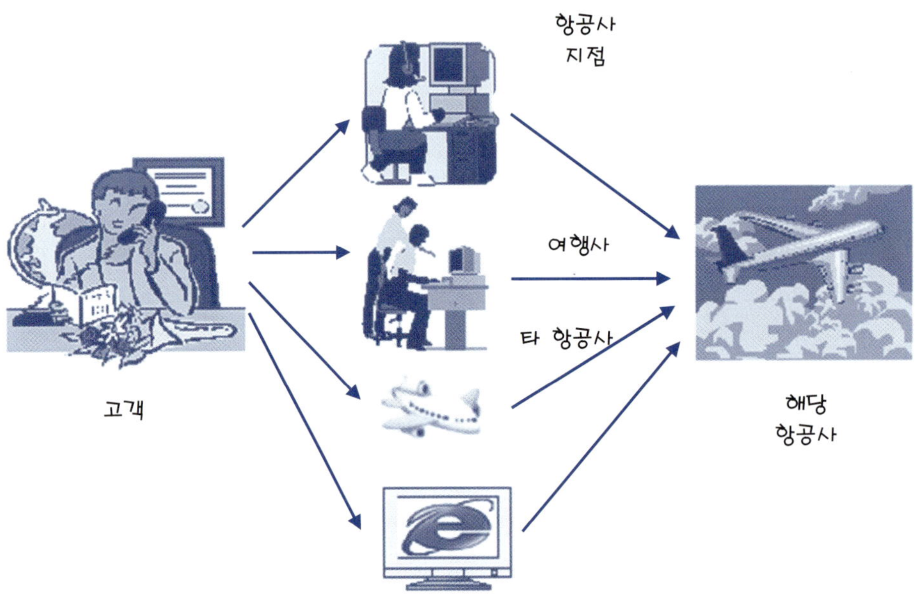

항공 여객예약의 관리는 크게 네 가지 방법을 이용하는데,

- **RMS(Revenue Management System)**를 이용한 Inventory 관리로, 각 비행편마다 과거 예약 · 탑승자료와 향후 예약추세를 감안하여 어느 수준까지 예약을 허용할 것인지 결정하여 Inventory를 운영함으로써 한정 공급 석을 최대한 활용하여 좌석 사용률 제고 및 수익의 극대화를 도모한다.
- **비행편 출발확인(Departure Check)**을 이용한 예약관리로, 비행편 출발 전 정해진 시점별로 예약기록의 재확인을 통해 여정의 확정여부확인, 이중예약정리 등으로 예약된 좌

석의 유실을 방지하고 사전에 출발일정이 확정되지 않은 좌석을 회수하여 회수된 좌석의 재판매를 통해 수입손실을 최소화하는 Pre-Flight Check, 항공기 출발 후 공항에서 탑승수속이 마감되면 탑승객과 미탑승객들에 대한 자료를 예약기록에 반영하고 미탑승객들의 연결편 예약을 회수하여 사전에 미탑승 발생을 예방하고 탑승자료와 예약자료가 일치하도록 하여 향후 좌석관리에 필요한 각종 실적의 정확한 자료제공을 위해 실시하는 Post-Departure Updating업무가 있다.

- **항공권 사전 구입제도(Ticketing Time limits) 운영** 항공편 예약이 확약된 고객들에 대해 출발일이 정해진 기한까지 항공권을 구입하도록 하여 예약부도승객을 방지하고 실예약수요자에게 좌석예약이 용이하도록 하여 좌석활용율 제고를 위해 운영한다.
- **단체 (Group) 예약의 관리** 10명 이상이 동시에 동일구간을 여행하는 단체예약은 다량의 좌석을 사전에 확보하기 때문에 출발임박하여 여정을 취소시 다량의 좌석유실이 발생하여 항공사 수입 손실을 발생시키므로 개인예약과는 달리 3단계로 철저히 예약관리된다. 좌석 확약 후 여행의 확실성 여부를 확인하는 1단계(Group Review)로, 여행이 확실하지 않은 단체예약의 좌석을 조기에 회수한다. 여행이 확정된 구성원의 명단을 통보하는 2단계(Group Recall)로, 구성원 명단이 통보되지 않은 단체예약의 좌석을 회수한다. 단체예약관리의 최종단계인 3단계 (Group Travel Advice)로 단체인솔자, 현지연락처 등을 확인하는 단계로 이 단계에서는 최종 출발여부를 재확인한다.

II. 항공예약업무내용

예약업무의 기능은 고객이 원하는 목적지까지 편리하게 여행할 수 있도록 항공편의 예약뿐만 아니라, 고객이 원할 경우 호텔 및 렌터카 예약, 고객의 종교 또는 병력에 의한 특별 기내식 요청, 성인을 동반하지 않은 어린이에 대한 특별관리요청, 임산부 및 환자 등 특별한 주의가 요구되는 고객의 정보제공, 기타 출입국 절차를 간소화하기 위한 사전입국심사에 필요한 사항 입력 등 고객의 출발에서 도착까지 필요한 모든 사항들을 포함하고 있다.

성명, 연락처, 예약 항공편, 기내식 요청사항 등이 정해진 형식에 따라 예약접수시 기록되는 예약기록을 작성하게 되며, 이를 예약시스템에 기록해 놓은 것이 예약기록(PNR : Passenger Name Record)이다. 항공권의 발행, 운송 및 기내서비스 등 대부분의 영업운송업무는 예약기록에 기초하여 이루어진다.

<그림 1-2> 항공예약업무내용

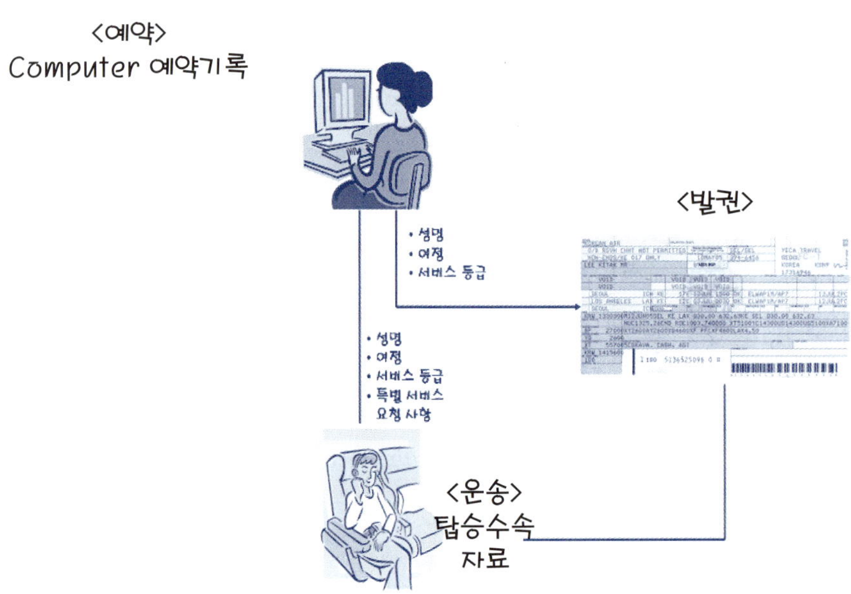

예약기록에 포함된 승객성명, 여정, 서비스 등급을 이용하여 승객에게 항공권을 발급해 줄 수 있다. 또한 예약을 완료한 승객의 명단과 각 승객이 요청한 특별서비스 사항 등은 자동적으로 운송시스템으로 이관되어 공항에서는 수속(Check-In)을 실시할 수 있으며, 승객이 요청한 특별 서비스도 미리 준비하여 제공할 수 있다.

항공예약업무를 성공적으로 수행하기 위해서는 관련된 용어에 대한 정확한 숙지 및 이해가 무엇보다 중요하다.

1. 예약좌석등급(Booking Class = Selling Class)

항공권 판매지역과 항공권 운임수준을 기준으로 공급 석을 세분화하여 한정된 공급 석을 활용하여 수익을 극대화하기 위해 사용한다.

1-1. 예약등급(Booking Class)의 종류

1) 운송등급(Cabin Class)

⇨ 실제 항공편에 장착, 운영되는 등급으로 고객이 탑승하는 등급 의미

- **일등석**(First Class)
  비즈니스석(Business Class)
  일반석(Economy Class)으로 분류하여 운영.
- 항공기 기종에 따라 **Two Class**(비지니스석, 일반석), 또는 **Mono Class**(일반석만 운영)가 운영되기도 한다.
- 또한 항공사별로 또는 기종별로 상위등급(High Class)은 세분된다.
  일등석은 코쿤 또는 Sleeper Class 등 일반 일등석보다 상위의 Class를 운영하기도 하며, 비즈니스 Class는 항공사마다 별도의 명칭을 붙여 사용하기도 한다.

2) 예약등급(Booking Class)

- **동일한 운송등급 내에서도 고객의 여정조건에 따라 예약등급이 상이하므로,** 예약자는 고객의 여행조건에 부합되면서도 가장 적합하고 저렴한 운임의 Booking Class로 예약을 할 수 있어야 한다.

⇨ 따라서 예약등급의 특성에 대한 정확한 정보가 필요하다.

- **예약등급분류기준**

⇨ 출발지역별로 분류 후, 수요특성별로 다시 세분화

 * 지역에 따라 3/4 or 5/6 수요
 * 여행목적(여행기간, 신분, 중간 체류 횟수, 경유지 유무 등)
 * 운임종류에 따라 지정된 Booking Class 사용(해당운임조회 ⇨ 운임의 규정 <Rule> 조회로 확인가능)

- **예약등급(Booking Class) 결정과정**

☞ 고객의 여정조건확인 : 탑승 Class ➡ 왕복/편도 ➡ 여행기간 ➡ 중간체류(Stop Over 회수) ➡ 경유(Transfer) ➡ 기타

◎ KE 한국출발, 노선별 주요 운임 및 Booking Class 운영현황

구간 FROM	구간 TO	운임종류	BKG CLS	최소/최대 체류기간	도중체류	취소수수료 (벌칙금)
한국	전노선	F, C, Y	F, C, W	제한없음	제한 없음	없음 *서비스등급-일등석(F), 비즈니스(C), 일반석(Y)으로 분류
	일본	YPX	M	2일/14일	불가	- 출발 전 취소: 운임의 10% - 출발 후 취소: 운임의 15% - 출발 전 예약 및 여정변경불가, 출발 후는 4만원 징수 후 가능
	동남아	YPX	M	3일/15일	5만원징수조건 방향당 1회 허용	- 출발 전: 판매가의 10% - 출발 후: 적용공시운임과 사용운임 차액 의 15% 공제
		KEE1M	K	3일/1개월	제한없음	- 예약 및 여정변경가능
	미주	EAP1M	E	2일/1개월	불가	- 사전발권 Deadline이전 : 운임의 25% - 상위 Class로 변경시 8만 9천원+운임 차액 - 출발 전·후 예약변경불가 및 환불불가
		MPB3M	M	4일/3개월	불가	- 출발 전 : 판매가의 10% - 출발 후 : 적용공시운임과 사용운임 차액 의 15% 공제
		KEE	K	4일/6개월	방향당 1회 허용	- 예약 및 여정변경 가능
		LSTO	M	1년	1회 허용	- 미주행학생운임 : 나이제한없음
	유럽	YPX3M	M	4일/3개월	불가	- 출발 전 : 판매가의 10% - 출발 후 : 적용공시운임과 사용운임 차액 의 15% 공제
		YEE6M	K	4일/6개월	제한없음	- 예약 및 여정변경 가능
		YZZ6M	M	3일/6개월	5만원징수조건 방향당 1회 허용	- 유럽행 Youth Fare: 만 26세 미만 - 환불 및 여정변경 불가
	대양주	KLEE3MAU	K	4일/3개월	방향당 1회 허용	- 예약 및 여정변경 가능
		MLPX1M	M	4일/1개월	불가	- 출발 전 : 판매가의 10% - 출발 후 : 적용공시운임과 사용운임 차액 의 15% 공제
		KEE3MNZ	K	4일/3개월	3회 허용	- 예약 및 여정변경 가능

주) 1. Normal : 일등석(P, F), 비즈니스(C), 일반석(Y,Y2,YO2-W)
2. 일반석 : Excursion (KEE, YEE-K), PEX (MPB, YPX, MPX-M)
학생, 이민, 군인, 선원(LSTO,LEMO, Y/SD/SC/EM, YZZ-M)
단체(GRP-G), Promotion(E), SPA(Oal Stock-V)
3. Mileage : Bonus(일등석-P, F / 비즈니스-D / 일반석-U)
Up-Grade (일등석-P, F / 비즈니스-I)

◎ KE 해외출발 주요 운임 및 BKG CLS 현황

구간		F/T	BKG CLS	MIN/MAX	STOPOVER
FROM	TO				
일본	한국	HIT	H	2/7D	불가
	유럽	BIT	B	3/1M	3회 in EUROPE (WZ JPY 15,000)
중국	미주	QAB	Q	1YR	1회 FREE(추가시 USD75.00)
동남아	한국	HEE45	H	4/45D	4회허용(2FREE,2 WZ THB1980)
	미주	QAPB	Q	4/6M	3회허용(1FREE,2 WZ THB3200)
미주	한국	HX3M	H	3M	4회 FREE(추가시 USD75.00)
		TYX6M	T	6M	4회 FREE(추가시 USD75.00)
	동남아	QYX3M	M	3M	2회 FREE(추가시 USD75.00)
		XYX6M	X	6M	2회 FREE(추가시 USD75.00)
유럽	한국	HPX3M	H	6/3M	1회 허용 WZ USD75.00
		HEE6M	H	6/6M	2회 FREE
	대양주	QEE6M	Q	10/6M	2회 FREE(방향당1회씩)
대양주	한국	HKEE3M	H	5/3M	2회 FREE(방향당1회씩)
		HAP35	H	5/35	2회허용(1FREE,1 NZD100.00)
		HPX4M	H	5/4M	2회허용(1FREE,1 NZD100.00)

주) 1. 3/4 수요 : H or T
2. 5/6 수요 : X, B, Q

2. 예약코드(Reservation code)

항공편 좌석예약을 위해서는 일련의 코드를 통해 요청하고 그에 대한 응답을 받아 예약상태를 유지하는 형태로 이루어진다. 이러한 코드는 항공사간 업무의 표준화를 위해 국제항공운송협회(IATA)에서 규정하고 있다. 몇 가지 대표적인 코드를 예로 들면 HK(예약확약, Holds confirmed), HL(대기자, Have waitlisted), RR(예약 재확인, Reconfirmed), NO(No action taken), KL(대기자에서 확약, Confirming from waiting list)과 같은 코드가 있다. 이러한 코드가 의미하는 것을 인지하고 있어야 승객의 예약상태를 확인할 수 있다.(IV, 4. 예약코드 참조)

그 외 항공업무에서 발생하고 있는 예약관련 용어는 다음과 같다.

1) 초과예약 (Overbooking)

오랜 기간 동안의 평균 예약부도율, 예약의 흐름, 단체예약자 수, 예약 재확인을 실시한 승객 수 등 여러 가지 요소를 고려하여 초과예약수준을 결정하여 실제공급 석보다 정해진 수준까지 예약을 초과하여 받는다.

2) 예약부도(No-show)

예약이 확약된 승객이 해당 편 탑승을 위해 당일 공항에 나타나지 않고 탑승권을 교부받지 않은 경우를 말한다.

3) 대기탑승(Go-show)

예약이 확약되지 않았거나 예약 없이 여유좌석이 발생하는 경우 해당비행편을 탑승하기 위해 공항에 대기하는 경우를 말한다.

4) 예약기록이 없음(No Record : NRC or NOREC)

예약이 확약된 항공권을 소지하고 시내지점이나 공항에 나타났으나 확약된 예약기록이 없는 경우를 말한다.

III. 항공예약의 기초

항공업무의 시작은 세계지리개념에서 시작한다고 해도 과언이 아닐 것이다. 따라서 무엇보다 전 세계 각국도시의 위치를 익히는 것이 중요하다 하겠다. 뿐만 아니라 항공에서 사용하는 용어에 대한 숙지 또한 필요하다. 항공업무에서 통용되는 용어는 전 세계 어느 곳, 어느 항공사에서나 공통적으로 사용하는, IATA 기준에 준하여 약속된 용어 · 약어를 사용한다. 항공 · 여행사의 항공관련업무의 숙련도는, 약속된 용어에 대한 지식의 정도가 결정적 역할을 하므로 가능한 다양한 분야에 대한 용어를 숙지하도록 노력하여야 한다. 항공예약 · 발권업무에 가장 많이 사용되는 약어는 각국의 도시코드와 항공사코드인데, 일반적으로 도시코드(City Code)는 영문자 3자리(3 Letter)로, 항공사코드(Airline Code)는 영문자 두 자리 또는 영문자와 아라비아 숫자로 구성된 2자리(2 Letter)로 사용하고 있으며, 국가코드는 영문자 2자리(2 Letter)로 통용되고 있다. 도시코드의 유형은 영어 도시명의 첫 3자리를 사용하는 유형, 도시명의 첫 자와 도시명중 선택된 2자가 결합된 유형, 캐나다 도시코드처럼 Y로 시작되는 유형과 기타 유형으로 분류할 수 있다.

◎ 도시코드의 유형

```
1. 도시명의 첫 3자리 사용 ----------- ROM TYPE
   CHI : CHICAGO, US LON : LONDON, GB
   FAI : FAIRBANKS, US MAD : MADRID, ES
   HAM : HAMBURG, DE PAR : PARIS, FR
2. 도시명의 첫 자 + 선택 2자 --------- BKK TYPE
   DTT : DETROIT, US HNL : HONOLULU, US
   GVA : GENEVA, CH GUM : GUAM, US
   OKA : OKINAWA, JP MOW : MOSCOW, 겨
3. 캐나다 도시 첫 자는 Y로 시작 ------- YVR TYPE
   YVR : VANCOUVER  YTO : TORONTO
   YYC : CALGARY  YOW : OTTAWA
4. 기 타
   SEL : SEOUL, KR LAX : LOSANGELES, US
   SCL : SANTIAGO, CL PDX : PORTLAND, US
```

◎ 주요도시 코드

구분	코드	도 시	구분	코드	도 시
일본	TYO	TOKYO	남 서 태평양	SYD	SYDNEY
	OSA	OSAKA		BNE	BRISBANE
	NGO	NAGOYA		AKL	AUCKLAND
	FUK	FUKUOKA		NAN	NADI
	KOJ	KAGOSHIMA	미 국	ANC	ANCHORAGE
	KIJ	NIIGATA		ATL	ATLANTA
	SPK	SAPPORO		BOS	BOSTON
	OIT	OITA		CHI	CHICAGO
	OKA	OKINAWA		DTT	DETROIT
	NGS	NAGASAKI		DFW	DALLAS FORT WORTH
동남아	BKK	BANGKOK		HOU	HOUSTON
	HKG	HONGKONG		HNL	HONOLULU
	MNL	MANILA		LAX	LOS ANGELES
	TPE	TAIPEI		NYC	NEW YORK
	SGN	HOCHIMINCITY		MIA	MIAMI
	HAN	HANOI		PDX	PORTLAND
	KUL	KUALALUMPUR		SEA	SEATTLE
	JKT	JAKARTA		SFO	SANFRANCISCO
	SIN	SINGAPORE		WAS	WASHINGTON
중동	DXB	DUBAI	카나다	YVR	VANCOUVER
	CAI	CAIRO		YTO	TORONTO
	JED	JEDDAH		YYC	CALGARY
유럽	AMS	AMSTERDAM		YWG	WINNIPEG
	MOW	MOSCOW		YMQ	MONTREAL
	PAR	PARIS	중남미	MEX	MEXICO CITY
	FRA	FRANKFURT		SAO	SAO PAULO
	LON	LONDON		LIM	LIMA
	ZRH	ZURICH		BUE	BUENOS AIRES
	ROM	ROME		SCL	SANTIAGO

● 한국과 중국 간 항공운항은 매년 운항도시, 운항회수 등 급격하게 증가하고 있다. 세계의 도시와는 달리, 영문표기와 한국식 발음이 상이하여 중국횟내 도시코드 암기에는 주의가 요구된다.

◎ 중국 내 도시코드

도시 Code	도시	도시 Code	도시
BJS	BEIJING	KMG	KUNMING
SHA	SHANGHAI	TNA	JINAN
SHE	SHENYANG	SIA	XIAN
TSN	TIANJIN	SYX	SANYA
TAO	QINGDAO	CAN	GUANGZHOU
XMN	XIAMEN	DLC	DALIAN
WUH	WUHAN	HRB	HARBIN
YNJ	YANJI	KWL	GUILIN

◎ 국내도시코드

도시 Code	도시	도시 Code	도시
CJJ	CHEONGJU	PUS	BUSAN
CJU	JEJU	RSU	YEOSU
HIN	JINJU	SEL	SEOUL
KAG	GANGNEUNG	SHO	SOKCHO
KPO	POHANG	TAE	DAEKU
KUV	GUNSAN	USN	ULSAN
KWJ	GWANGJU	YEC	YECHEON
MPK	MOKPO	YNY	YANGYANG

● 도시코드와 함께 기억해야 할 사항은 동일도시 내에 공항이 2개 이상 있을 수 있다는 것이다. 한 도시에 2개 이상의 복수공항을 운영할 경우에는 동일한 도시에 있지만 각 공항마다 상이한 코드를 사용하고 있다.

◎ 동일도시 내의 복수공항코드

City	Airport	Name
SEL-----------	ICN	INCHEON INTL AIRPORT OF SEL
SEOUL	GMP	GIMPO AIRPORT OF SEL
OSA-----------	ITM	ITAMI AIRPORT OF OSA
OSAKA	KIX	KANSAI INTL AIRPORT OF OSA
TYO-----------	NRT	NARITA AIRPORT OF TYO
TOKYO	HND	HANEDA AIRPORT OF TYO
NYC-----------	JFK	JOHN F KENNEDY AIRPORT OF NYC
NEWYORK	EWR	NEWARK AIRPORT OF NYC
	LGA	LA GUARDIA AIRPORT OF NYC
PAR-----------	CDG	CHARLES DE GAULLE AIRPORT OF PAR
PARIS	ORY	ORLY AIRPORT OF PAR
LON-----------	LHR	HEATHROW AIRPORT OF LON
LONDON	LGW	GATWICK AIRPORT OF LON
WAS-----------	DCA	RONALD REAGAN NTL AIRPORT OF WAS
WASHINGTON	IAD	DULLES AIRPORT OF WAS

◎ 주요 항공사코드

코드	항공사 명, 국적		코드	항공사 명, 국적	
AA	AMERICAN AIRLINES,	미국	KL	KLM,	네덜란드
AC	AIR CANADA,	캐나다	LA	LAN CHILE,	칠레
AF	AIR FRANCE,	프랑스	LH	LUFTHANSA,	독일
BA	BRITISH AIRWAYS,	영국	MH	MALAYSIA AL,	말레이시아
CA	AIR CHINA,	중국	MU	CHINA EASTN AL,	중국
CO	CONTINENTAL A L,	미국	NH	ALL NIPPON A W,	일본
CX	CATHAY PACIFIC,	홍콩	NW	NORTHWEST A L,	미국
CZ	CHINA SOUTHERN A L,	중국	NZ	AIR NEW ZEALAND,	뉴질랜드
DL	DELTA AIRLINES,	미국	OZ	ASIANA AIRLINES,	한국
GA	GARUDA,	인도네시아	PR	PHILIPPINE A L,	필리핀
JD	JAPAN AIR SYSTEM,	일본	QF	QANTAS AIRWAYS,	호주
JL	JAPAN AIRLINES,	일본	SQ	SINGAPORE AIRLINES,	싱가포르
KE	KOREAN AIR,	한국	TG	THAI INTL A W,	태국

◎ ICAO(International Civil Aviation Organization) Phonetic Alphabet

알파벳	Phonetic Alphabet	알파벳	Phonetic Alphabet
A	ALPHA	N	NOVEMBER
B	BRAVO	O	OSCAR
C	CHARLIE	P	PAPA
D	DELTA	Q	QUEBEC
E	ECHO	R	ROMEO
F	FATHER	S	SMILE
G	GOLF	T	TANGO
H	HOTEL	U	UNIFORM
I	INDIA	V	VICTORY
J	JULIET	W	WHISKY
K	KILO	X	X-RAY
L	LIMA	Y	YANKEE
M	MIKE	Z	ZULU

MEMO

RESERVATION II

제2장

Ⅰ. 예약의 기초

1. TOPAS 개요
2. ABACUS 개요
3. KEY Board 사용법
4. SINE & CODE 관리
5. 각종코드검색

Ⅱ. 예약기록(PNR)의 작성 및 수정

1. 예약기록의 구성요소
2. 이름작성
3. 전화번호 작성 및 수정
4. 여정
5. FACT Field의 작성
6. REMARKS Field 작성
7. Received Field의 작성
8. Ticket Field 의 작성
9. TL Field
10. FFP(SKYPASS)를 이용한 예약 작성

Ⅲ. 예약 기록의 완료 및 조회

1. PNR 작성의 완료(EOT)
2. PNR 작성 시의 Error
3. 예약 기록(PNR)을 찾으려면?
4. PNR History 조회 및 판독

Ⅳ. 기 타 : 추가 예약기능

1. 단체 예약 (GROUP BOOKING)
2. PNR의 DIVIDE
3. 예약 코드(Reservation Code)
4. QUEUE
5. 사전 좌석 배정

RESERVATION II

I. 예약의 기초

1. TOPAS 개요
2. ABACUS 개요
3. KEY Board 사용법
4. SINE & CODE 관리
5. 각종코드검색

제2장 TOPAS/ABACUS 항공예약실무

I. 예약의 기초

1. TOPAS 개요

1_1. TOPAS의 탄생 및 발전

국내에 컴퓨터 예약시스템(CRS)이 처음 등장한 것은 1975년 대한항공이 사내 업무 전산화를 위해 KALCOS를 개발하면서부터이다. 이후 성능이 개선된 KALCOS-II가 개발(1979년)되었으며 1984년에는 최초로 여행사에도 보급되기 시작했다. 1980년대 중반에 들어가면서부터, 한국항공시장의 확대에 따라 미국은 한국의 항공시장 및 CRS 시장개방을 강력하게 요구하기 시작하였으며 이에 효과적으로 대응하기 위하여 87년, 정부와 대한항공 합작으로 항공예약 등 부가통신사업전문회사인 한국여행정보(KOTIS, 한진정보통신의 전신)를 설립하였다. 그 이듬해 KOTIS는 대한항공의 KALCOS 및 11개 항공사가 연결된 MARS(Multi Access Reservation System)을 개발운영하며 외국 CRS의 국내진출을 저지해 왔으나 중립 CRS의 필요성을 절감, 89년 신 Software를 도입했다. 이후 1년 6개월 간의 보강작업을 거쳐 여행사 중심의 TOPAS라는 경쟁력있는 진정한 의미의 중립 CRS를 1990년 10월에 성공적으로 구축, 보급함으로써 우리나라 CRS 산업의 신기원을 이룩하였다. 또한 TOPAS는 1999년 4월, 유럽의 MEGA CRS인 AMADEUS와 제휴하여 지금의 TOPAS여행정보를 탄생시켰다. AMADEUS와의 제휴로 330여 개 항공사의 Direct Access Ling Level 업그레이드, 50,000여 개의 전세계 호텔예약기능 등

더욱 우수한 시스템으로 다양한 서비스를 제공하고 있다.

1_2. TOPAS의 기능

토파스 여행정보가 현재 한국 국내항공예약시장에서 차지하는 비중은 70% 이상으로, 해외로 여행하는 여행객 10명 중 7명은 항공사나 여행사의 토파스를 통해 항공권을 예약하고 있다.

또한 항공예약·발권 외에 PC-FAX 전송기능, 예약기록을 손님의 E-mail로 보내주는 I-mail 서비스기능 등 다양한 부대기능을 기본사양으로 지원하고 있으며 여행사에서의 항공권 신청부터 판매보고(APSR), 미수금·환불관리, 예약카드 작성, BSP 제출서류 및 회계관리까지 One Stop Service로 모든 업무를 한 자리에서 처리해주는 Back Office System인 Value Office도 제공하고 있다.

TOPAS는 Multi Media 환경에도 효과적으로 대응하기 위하여 토파스 홈페이지(www.topas.net)를 통하여 각종 여행사 업무를 지원하고 있으며, 토파스 인터넷 부킹엔진(Internet Booking Engine)인 Cyber Plus를 개발하여 현재 대한항공을 포함한 9개의항공사 홈페이지, 290여 개의 여행사 홈페이지 및 10여개의 Portal Site에 공급 중에 있다. 또한 인터넷이 가능한 곳이라면 세계 어느 곳에서나 시간과 장소의 제약 없이 이용할 수 있는 Browse를 이용한 단말기 기능을 공급하고 있다.

2. ABACUS 개요

아시아 지역의 항공사인 CX, SQ, MH, CI, PR, GA, NH 등의 항공사가 연합한 아시아·태평양 지역 최대의 CRS로 한국, 홍콩, 싱카폴, 필리핀, 말레이시아, 호주 등 15개 국가에서 사용 중이다.

한국에서 사용하고 있는 MYABACU는 OZ에서 1988년부터 서비스를 시작한 ARTIS와 ABACUS가 통합된 형태로서, 공통의 입력 지시어를 사용하며 통일된 응답화면 형태로 나타나게 된다. My ABACUS 접속시 ABACUS의 HOT와 ARTIS의 HOST에 동시에 접속되기 때문에 OZ의 국내선 및 단체예약은 ARTIS에 예약기록(PNR)이 생성되며 그 외에는 ABACUS에 만들어진다. 전세계 모든 항공사의 좌석예약은 물론 호텔, 렌터카 예약도 할 수 있다.

3. KEY Board 사용법

3_1. SOM & Cursor

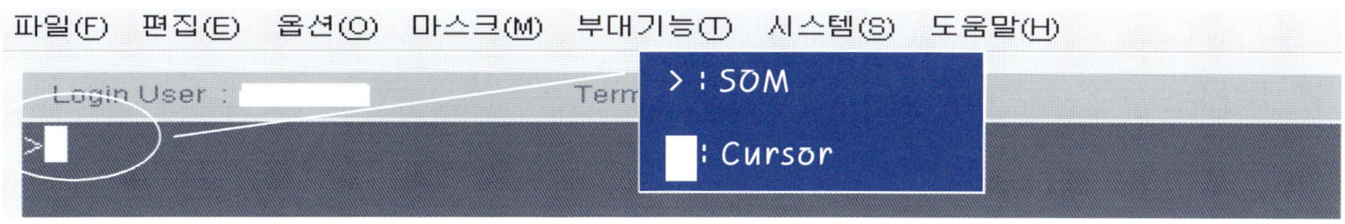

● SOM 은 지시어의 시작위치를 나타내며, 컴퓨터 단말기에 따라 모양이 다르게(▶ 또는 +) 표시되기도 한다. SOM이 현재의 화면상에 없으면 지시어에 대한 응답을 얻을 수가 없으므로, Esc KEY나 화면 Clear Toolbar를 클릭하여 SOM 부호를 생성시켜야 한다.

● CURSOR 는 지시어의 각 글자가 타이핑(Typing)될 위치를 알려 주며, 한 자씩 입력할 때마다 뒤로 이동한다.

3_2. 지시어와 함께 쓰는 부호들

항공업무의 특성상 약속된 용어나 지시어를 많이 사용하는데, 아래의 지시어들이 주로 사용되는 기능을 숙지하면 항공예약업무수행이 용이하다.

부호	명칭	주 기 능
*	Asterisk	예약기록 Display, 조회기능 - 별표라고 부르기도 함.
@	Lozenge	내용삭제 또는 수정기능 - 여정제외한 모든 Field에 사용가능
/	Slash	Item 분류 또는 추가하기, Insert 기능 예) -성 / 이름
-	Hyphen	연결(from~to) 또는 이름 입력지시어 예) - 성/이름 title
ǀ or #	And the Item	여러 개의 지시어 연결

□ ABACUS

부호	명칭	주 기 능
@	Lozenge	변경(Change)
*	Asterisk	조회(PNR Display)
ǀ	Pipe	여러 지시어 연결
#	Sharp	지시어 분리
$	Dollar	내용의 연결

3_3. 화면이동(Scrolling)

항공스케줄, 예약기록, 항공운임규정 등 필요한 사항을 조회하는 지시어를 입력 후, 응답화면(Display)에 보이는 사항 외의 추가사항이 있을 때 화면을 아래, 위, 가장 위 또는 가장 아래 화면으로 이동을 지시하여 조회할 수 있는 기능. (TOPAS/ABACUS 동일지시어 사용)

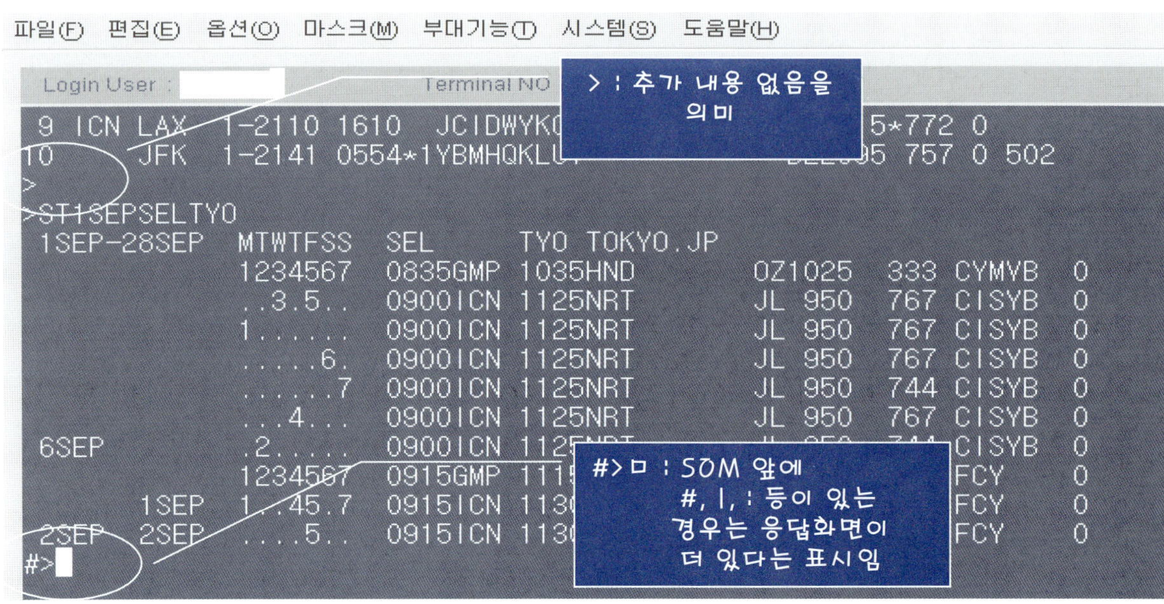

● 화면이동 지시어

지시어(Entry)	지시 내용
MD	Move Down, 아래 화면으로 이동하기
MU	Move Up, 위 화면으로 이동하기
MB	Move Bottom, 제일 아래로 이동하기
MT	Move Top, 제일 위로 이동하기

4. SINE & CODE 관리

첫째, CRS를 사용하는 개개의 직원에게 또는 여행사는 단위로 1개, 고유의 등록된 SINE이 주어진다.

둘째, CRS를 사용할 때마다 자신의 SINE을 입력해야만 작업을 할 수 있으며, 작업한 모든 예약기록에 자신의 SINE이 남아, 이름표와 같은 역할을 한다.

셋째, 여러분이 E-MAIL이나 인터넷을 사용할 때 입력하는 ID/PASSWORD와 같다고 생각하면 이해가 빠를 거예요.

4_1. SINE 의 입력

BSIA0008 R8/GS → 순서대로 하셔야 합니다

B	Beginning or being, 들어갑시다~~~지시어
S	SINE의 첫자
I	IN 입력을 의미하며, SINE-OUT과 반대기능
A	작업장(Area) A의미, 작업장은 A,B,C,D,E 5개가 있음
0008	SINE Number-개개의 직원에게 주어지는 고유의 비밀번호로 Password 역할을 한다.
R8	Reference Code-각 직원이 수행한 작업과 함께 예약기록에 남아 참조역할을 한다. 이름표와 같은
/	분류기능(Slash)
GS	Duty Code-각 직원이 수행하는 업무에 따라, 상이한 Duty Code가 주어지며, 일반적으로 항공사의 예약 직원 및 여행사 직원들에게는 GS 즉 General Sales Agent 권한코드부여

EXCELL 의 SHEET 1,2,3...과 유사한 기능

PD: 탑승 수속 등의 기능
SU: Supervisor 기능
RC: 예약 Control 기능
-> 항공사에서만 사용

● **SINE 입력 후 응답 화면** : SINE-IN 표시와 함께 TOPAS와 각 항공사의 정보(Agent Information)가 제공된다. 각 항공사는 이 화면을 통해 많은 정보를 제공, 판매증대전략으로 활용.

□ ABACUS

S I 1234 " ABACUS1	
S	: SIGN
I	: IN
1234	: SIGN Code
"	: 연결기호
ABACUS1	: 사용자 Password

4_2. 작업장의 확인

● **작업장은 몇 개?** ⇨ TOPAS/ABACUS 모두 5개의 작업장이 있으며.
각각 **A, B, C, D, E 작업장**이라 부른다.

● 작업장 확인은 언제 필요한가?

⇨ 5개의 작업장 중 SINE-IN이 입력된 작업장 간을 이동하면서 서로 다른 예약기록 작성작업을 할 수 있다. 따라서 현재 어느 작업장에 SINE이 입력되어 있는지 확인해 볼 필요가 있다.

하나 BM*

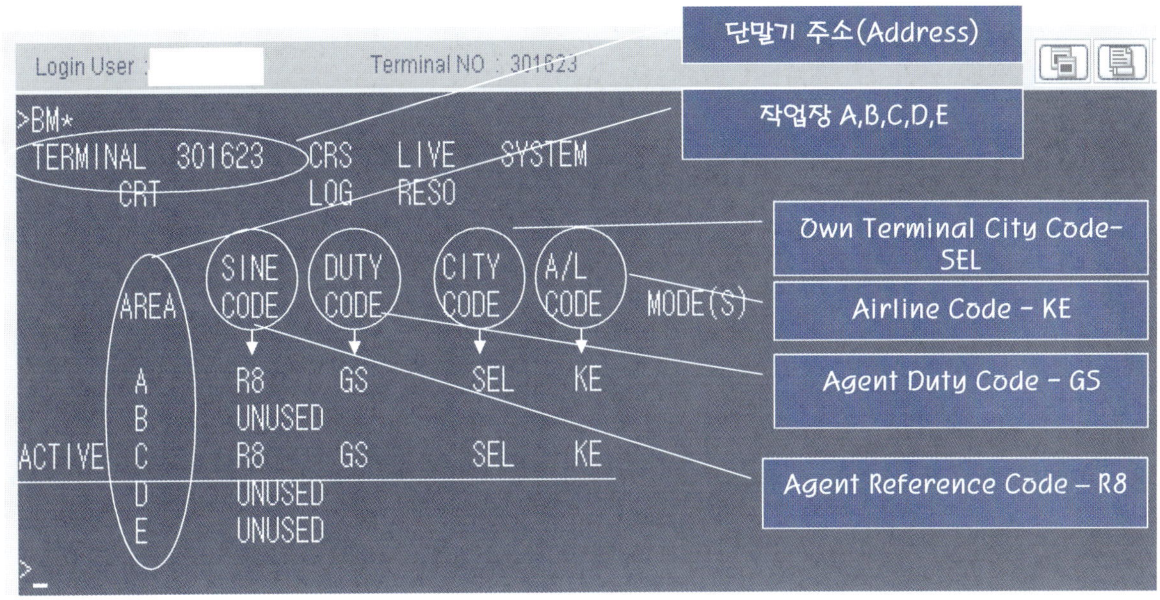

- **SINE 내역** : SINE이 입력되지 않은 작업장 B,D,E(오른쪽에 UNUSED)로, SINE 입력된 A, C 중 ⇨ 현재 사용 중인 C(왼쪽에 ACTIVE)로 표시.

둘 BM

- A - OUT : A작업장에 SINE은 입력되어 있으나 현재 사용하지 않음
  C - IN : C작업장에 SINE을 입력하고 현재 사용 중임
  B,D,E -UNUSED : B, D, E작업장은 SINE을 입력하지 않음

☐ ABACUS

DI

4_3. 작업장의 이동

● **작업장 이동은 왜?** ⇨ 한 작업장에서 업무를 수행하는 도중에 업무가 종료되지 않은 상황에서 다른 업무를 해야 할 경우, SINE이 입력된 다른 작업장으로 이동하여 업무를 할 수 있다.

BC

B : Being 이동합니다 or 들어갑니다의 지시어.

C : C 작업장으로.... (EX) A 작업장으로 이동할 때 : BA

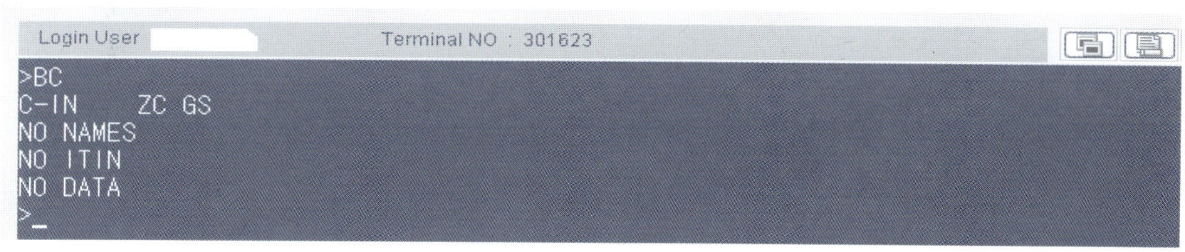

□ ABACUS

@B : B 작업장으로 이동

4_4. SINE OUT

- SINE OUT은 언제? ⇨ 업무를 종료할 때뿐만 아니라 업무 중에 잠시 자리를 비울 때에도 SINE을 OUT시키는 것이 좋다.
- SINE OUT이 왜 필요 한가? ⇨ SINE은 각각의 개인에게 주어지는 고유번호, 즉 이름표나 마찬가지의 의미를 가지고 있으므로 철저한 SINE관리는 매우 중요하다.
- SINE 자동 OUT ⇨ 컴퓨터 전원을 끄거나, 장시간 사용하지 않을 경우.

하나 전체 작업장의 SINE OUT

BSX

```
Login User : 8555105          Terminal NO : 300529
>BSX
ALL AREAS SINED OUT
>
```

▷ ALL AREAS SINED OUT ⇨ 전체 작업장의 SINE OUT 의미.

둘 개개 작업장의 SINE OUT

BSO

```
Login User : 8555105          Terminal NO : 300529
>BSO
A-SINE OUT
>
```

▷ A-SINE OUT ⇨ 현재 사용 중이던 A 작업장의 SINE OUT 의미

□ ABACUS

SO : 현재 작업 중인 SINE OUT
SO* : 화면에 생성되어 있는 모든 작업장의 SINE OUT

5. 각종 코드 검색(DECODE / ENCODE)

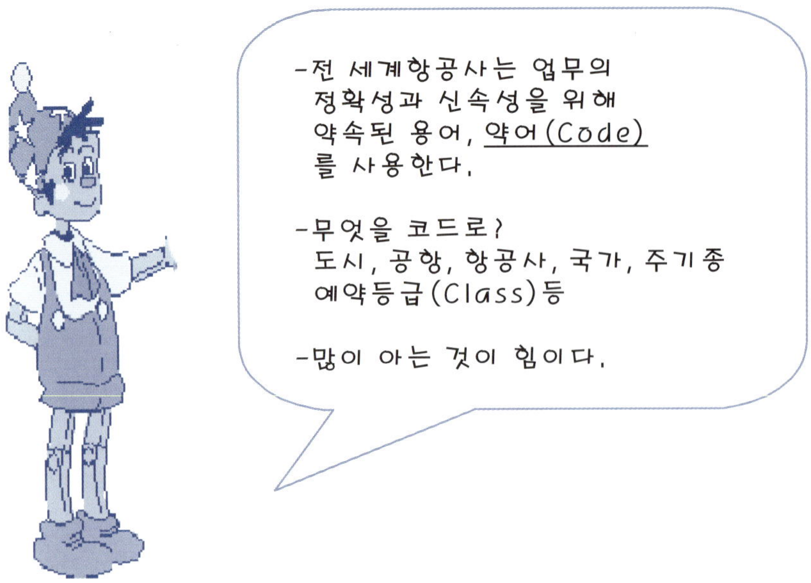

5_1. DECODE : 코드가 무얼 뜻하는지 알려 주세요.

☞ 코드를 가지고 정확한 의미를 알고 싶을 때

● 지시어의 구성은 ? ⇨ "S ★ * 코드"

⇨ 검색을 의미하는 Searching의 "S"로 시작되며, ★에는
도시는 City의 "C", 항공사는 Airline의 "A", 국가는 Nation의 "N"
주는 States의 "S", 공항은 Airpot의 A는 항공사와 중복되므로 "P" 사용.

◎ 도시검색(City Code)

SC*PAR

```
Login User : 8555105          Terminal NO : 300529
>SC*PAR
PAR PARIS FR MULTI APTS 48.52N 2.20E *CITY*  FR00
 GMT *1.00 /FROM 0200 28MAR04 *2.00 /FROM 0300 310CT04 *1.00
 /FROM 0200 27MAR05 *2.00 /FROM 0300 300CT05 *1.00
 LOCAL TIME 0659   THU 21JUL05
>
```

PARIS : 검색도시의 Full NAME

FR : 해당도시의 국가 Code

MULTI APTS : 해당도시에 2개 이상의 공항이 있음을 의미

GMT : 세계표준시간(Greenwich Mean Time)과 Summer Time 적용시기도 표시

LOCAL TIME : 해당도시의 검색시의 현지 시간

48.52N 2.20E : 해당도시의 위도와 경도

◎ 공항검색(Airport Code)

⇨ 도시코드 검색 Entry(SC*ICN)로도 검색 가능

SP*ICN

```
Login User : 8555105          Terminal NO : 300529
>SP*ICN
ICN  INCHEON INTL  AIRPORT OF SEL
SEL  SEOUL.KR  MULTI APTS 37.30N 127.00E *CITY*  KR00
   GMT  *9.00
   LOCAL TIME  1416   THU 21JUL05
>
```

▷ INCHEON INTL AIRPORT OF SEL : 서울의 인천국제공항을 의미

◎ 항공사 검색(Airline Code)

SA*KE

```
Login User : 8555105          Terminal NO : 300529
>SA*KE
KE  KOREAN AIR.KR
>
```

◎ 국가검색(Nation Code)

SN*KR

```
Login User : 8555105          Terminal NO : 300529
>SN*KR
KR  REPUBLIC OF KOREA
>
```

◎ 주검색(States Code)

SS*CAS.US

```
Login User : 8555105          Terminal NO : 300529
>SS*CAS.US
CAS  SOUTH CALIFORNIA.US
>
```

▷ 미국과 같이 많은 주로 이루어진 경우에 사용되며, 주코드 검색은
⇨ 주코드 다음에 반드시 국가코드를 입력하여야 한다.

◎ 기종검색(Aircraft Code)

SE*747

```
Login User : 8555105          Terminal NO : 300529
>SE*747
747 BOEING 747  PRESSURISED WIDEBODY JET
>
```

◎ 기타 : 해당도시의 Multi Airport 내역(List)조회

SL*P.SEL

```
Login User : 8555105          Terminal NO : 300529
>SL*P.SEL
P GMP GIMPO              *SEL      P ICN INCHEON INTL      *SEL
>
```

◎ 기타 : Traffic Restriction 조회

ST*502

```
Login User : 8555105          Terminal NO : 300529
>S1SEPSELTYO
1SEP  THU   1200 SEL - TYO TOKYO.JP                        NTE
 1 ICN NRT 0915 1130  FACIDWYOMTSHLQVKGU KE 701*743 0
 2 GMP HND 0915 1115  FACIDWYOMTGHLU     KE6707*744 0
 3 ICN NRT 1015 1230  FACIDWYOMTSHLQVKGU KE 703*744 0
 4 ICN NRT 1115 1330  FACIDWYOTKMHSLQVGU KE 001*772 0
 5 GMP HND 1640 1840  FACIDWYOMTGHLU     KE6709*744 0
 6 ICN NRT 1840 2055  FACIDYOWTMKSHLVQGU KE 705*744 0
 7 GMP PUS 0800 0900  CIDYGUV            KE1105*739 0 502
 8     NRT 1040 1245  CIDWYOTHLSQKVMGU   KE 713*AB6 0
 9 GMP PUS 1500 1600  CIDYGUV            KE1131*AB6 0 502
10     NRT 1825 2030  CIDYWTOHLSQKVMGU   KE 715*AB6 0
>

>ST*502
502    NON SMOKING FLIGHT LEG
>
```

MEMO

RESERVATION II

II. 예약기록(PNR)의 작성 및 수정

1. 예약기록의 구성요소
2. 이름작성
3. 전화번호 작성 및 수정
4. 여정
5. FACT Field의 작성
6. REMARKS Field 작성
7. Received Field의 작성
8. Ticket Field 의 작성
9. TL Field
10. FFP(SKYPASS)를 이용한 예약 작성

II. 예약기록 (PNR : Passenger Name Record)의 작성 및 수정

1. 예약기록의 구성요소

● **예약기록을 작성하기 위해서는 어떤 내용이 필요할까?**

⇨ PNR 작성에는 PNR 필수구성요소 3가지(이름, 여정, 전화번호)와 함께 여러 부분들로 이루어져 있다. 이러한 각 부분을 Field라고 부른다.

◎ 예약업무에 필요한 내용

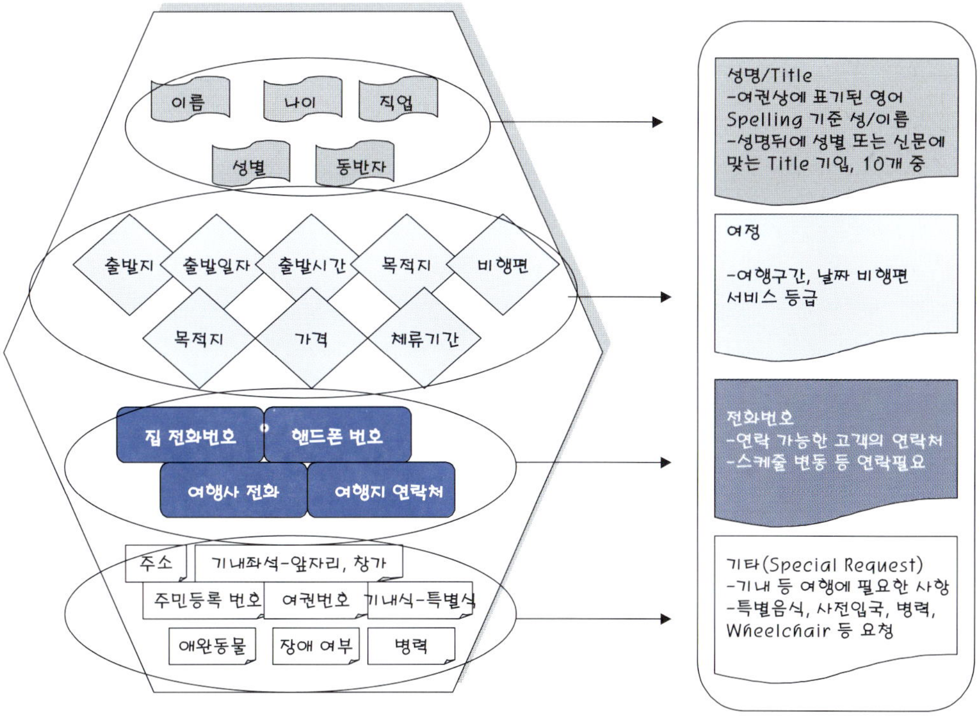

● 각 Filed 작성은? ⇨ 숫자 또는 부호가 기본지시어로 지정되어 있어 모든 내용을 정해진 형식에 따라 작성해야 한다.

Field	숫자, 부호	지시어 (Entry)	용 도
NAME	-	- 성/이름 Title	승객의 성명 및 Title
Itinerary	0	0KE001W10CT....	항공·비항공여정(0:숫자)
GEN FAX	3	4F로 입력하면 자동으로 3,4로 분류	-선호좌석,Meal 서비스 등 공항서비스 요청사항 - 각종 항공사 전송 Info
AP FAX	4		
REMARK	5	5* OR 5**	비고란-업무연락방법으로 활용 및 예약 재확인
RECEIVED FROM	6	6 요청자의 이름	예약작성 및 변경 의뢰인
TICKET	7	70*1801234.......	항공권 번호 입력(0:영어)
TIME LIMIT	8	8 1600/220CT	발권시한 - 예약작성시 자동입력됨
FONE	9	9H* 02-111-2222 9B* 02-222-3333 9T* 02-333-4444	연락처(전화번호입력) H-집 전화, B-사무실전화 T-여행사 전화

▷ PNR 필수요소 : 이름(NAME), 여정(ITINERARY), 전화번호(PONE)

□ ABACUS

구 분	기본지시어	내 용
필수입력사항	0 or N (0: 숫자)	Itinerary 여정
	-	Name 성명
	9	Phone 연락처
선택입력사항	3OSI	OSI : Other SVC Info
	3	SSR : Spcl SVC Rqst
	4G	Pre-Reserved Seat
	5	Remarks 비고
	6	Ticketing
	7	Received from

● PNR 작성을 위한 화면 점검

하나 현재 작업장에서의 예약 관련된 작업 내용 유무를 Check 한다.

***R**

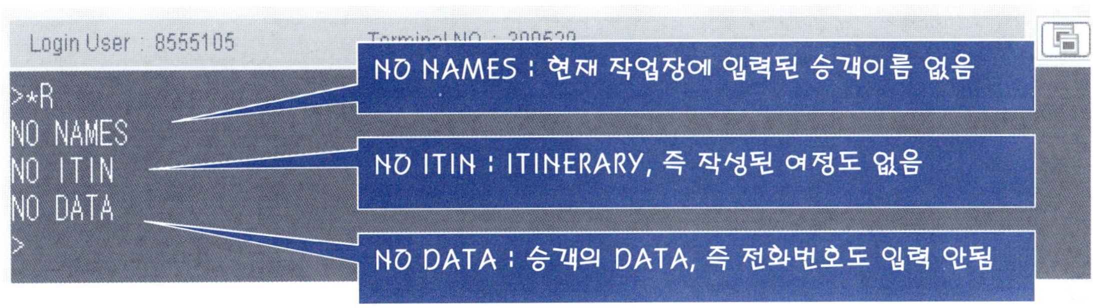

▷ 현재 작업장은 비어 있으며, 새로운 예약기록을 작성할 수 있음을 의미

둘 현재 작업장의 내용을 취소하여, 새로운 작업이 가능하도록 한다.

I

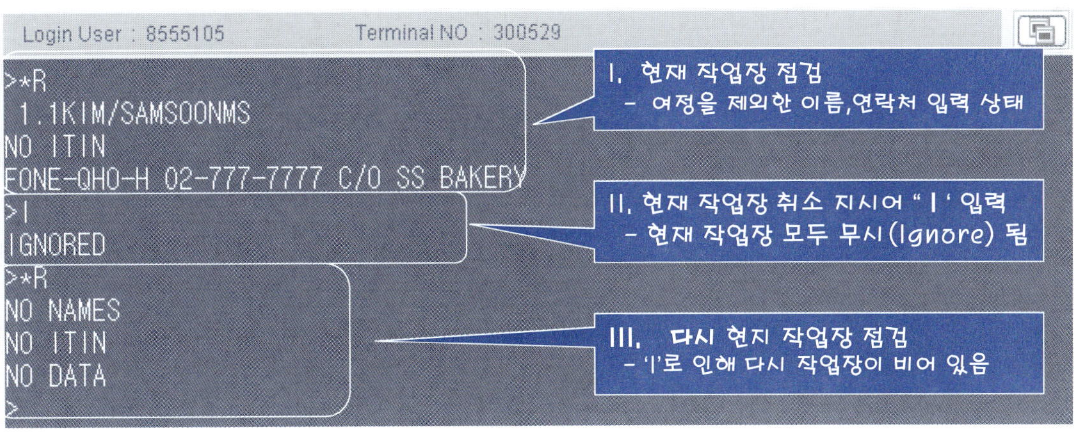

셋 예약에 필요한 내용을 모두 입력, PNR 작성을 완료할 때의 지시어는 종료(END)의 의미로 "E(End of Transaction)" Enter로 종료

2. 이름(Name Field) 작성

내 이름? "김세련", 우리 가족이 애칭으로 불러주는 아주 좋아하는 내이름이지.

할아버지가 지어주신 부끄러운 "김삼순" 대신 사용하고 있지...

아---참! 결혼했으니까 남편 성으로 해야하나? 서양에선 그리한다던데... 그러고 보니 이름 먼저, 성이 다음이던가?

하나

- 이름은 타인 또는 대리인의 이름을 잠정적으로 사용할 수 없으며,
- 여권에 기재된 영어 Full Spelling을 기재해야 합니다.

◆음-- 호적상에 등록된 이름만이 유효하다는 말씀이시군요...

예약 PNR의 성명은

▸ 항공권에 표기되며,

▸ 해외에서도, 나의 신분을 증명할 수 있는 증명서로 통용될 수 있어야 한다는 의미지

둘

- 외/내국인 상관없이 성(Last Name)을 먼저 기재합니다.

※결혼 후에도, 한국에서 사용하는 것처럼 원래 본인의 성명으로 예약하면 된답니다.

셋

- 성명 뒤에는 성별 또는 신분에 맞는 적절한 Title을 기입해야합니다. 항공여객예약에 쓰이는 Title에는 약12개 사용되고 있지요

※Title을 잘못 입력하거나, 미입력될 경우

▸ PNR은 만들어지지만(해당이름 옆에 @표시가 생성)

▸ 항공권의 자동발권이 불가하므로 주의 필요

Title의 종류

성별에 따른 구분	Title	신분에 따른 구분	Title
남자성인	MR	교수(Professor)	PROF
여자성인(기혼, 미혼)	MS	기장 또는 선장(Captain)	CAPT
여자성인(기혼)	MRS	의사(Doctor, 반드시 의사만 사용-긴급 환자 발생시 필요)	DR
여자 아이(유/소아 동일)	MISS	성직자(Reverend)	REV
남자 아이(유/소아 동일)	MSTR	영국 귀족(SIR, LORD, LADY)	

▶ 상기의 12가지 Title 중에서, 성별에 따라 구분된 Title이 가장 일반적으로 사용된다.

보너스

소아/유아의 성명을 입력할 때는, 유/소아임을 표시하는 지시어를 입력한다.
-**소아는 C**(Child의 C), **유아는 I**(Infant의 I)를 **성 앞에 입력하여** 구분
-**소아/유아의 나이도** 반드시 함께 입력하여야 한다.

유아의 성명은 PNR 의 첫 번째 승객으로 입력 될 수 없다.
-좌석을 점유하지 않기 때문에, **동반하는 성인의 성명 뒤에 입력해야** 한다.

<u>항공 여객의 성인, 유/소아 구분 나이 기준</u>
-성인(Adult) : 만 12 세 이상
-소아(Child) : 만 2 세 이상~ 만 12 세 미만
-유아(Infant) : 만 14일 이상~만 2세 미만
(좌석 점유하지 않음)

⟹ 국제선 고객 대상이며, 나이 계산은 출발일 기준으로 적용된다.

2_1. 성명입력

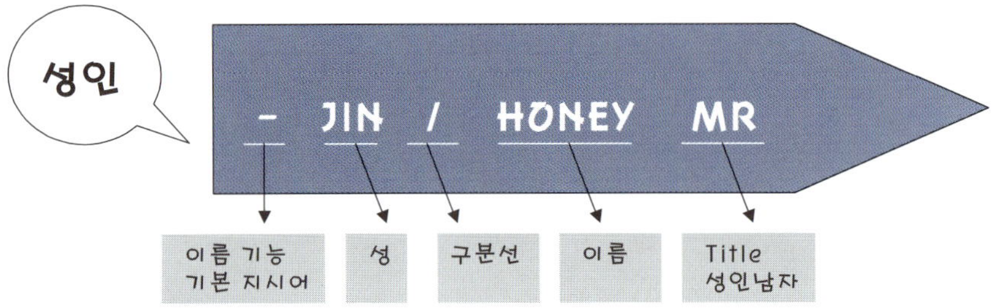

NOTE

승객 2명 이상의 이름을 동시에 입력할 경우

And 기능을 가진 "!" or "#"을, 성명 사이에 활용

→ -KIM/SAMSSONMS # -HYUN/JINHEONMR

동일 성을 가진 두 승객의 성명 동시 입력

두 명이라는 숫자와 함께 성/이름 Title/ 이름 Title

-2 MOON/TAEYONGMRS/TAESEONGMRS

*승객이름은 개별적으로 입력되는 것이, 고객 요청사항 등 연결하기가 편리하므로 권장사항은 아님.

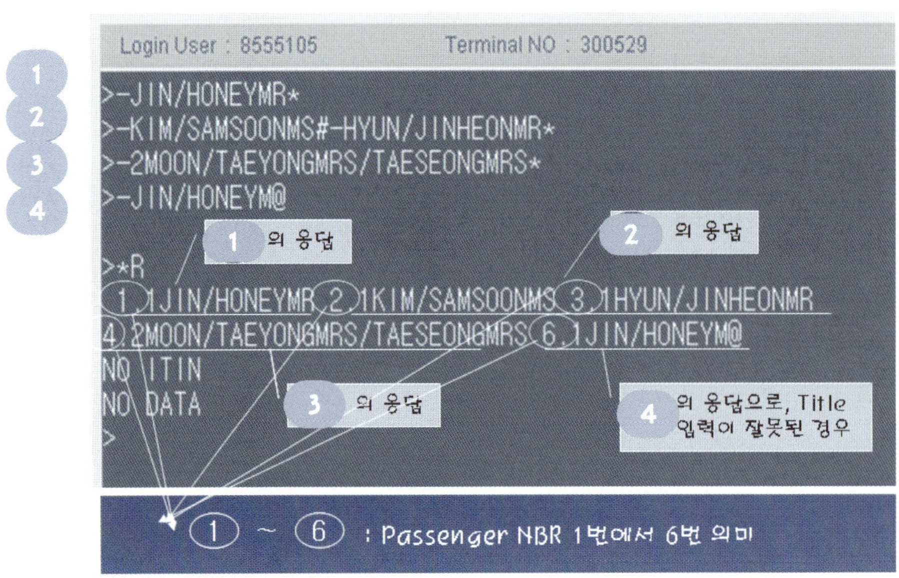

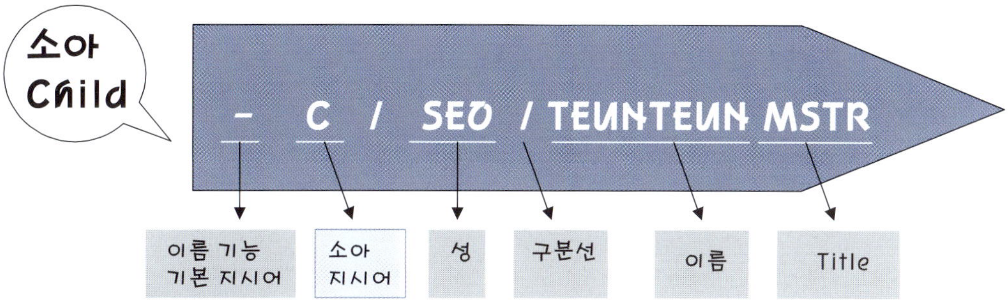

NOTE

소아/유아가 포함된 경우, 나이 입력은 필수

항공사에 전송되어야 할 각종 정보(Info) 입력 지시어인 "4F" 활용하여 입력

4F 1 CHD 10YRS

- 4F : 승객 Data 입력 지시어
- 1 : PNR 내의 소아 인원수
- CHD : 어린이의 Keyword -means "Child"
- 10YRS : 어린이 나이 -10살

소아/ 유아의 항공권 가격은?

소아는 성인 운임/판매가격의 67% 지불

유아는 성인 운임의 10% 지불

지시어 및 응답화면

Terminal NO : 300529

```
>-C/SEO/TEUNTEUNMSTR*
>4F 01CHD 10YRS*

>*R
 1.C/1SEO/TEUNTEUNMSTR
NO ITIN
AP FAX-OSIYY 01CHD 10YRS
>
```

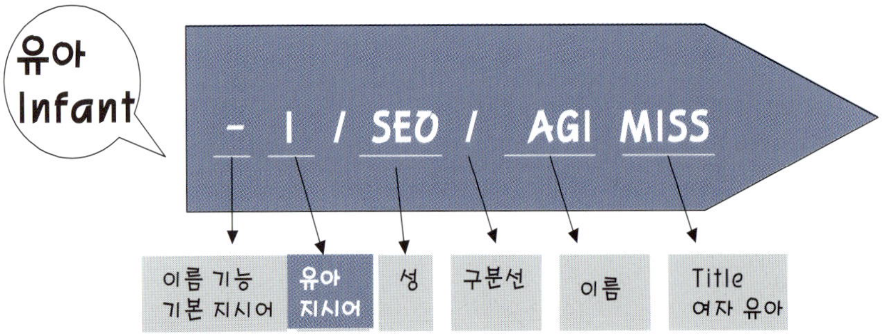

NOTE

유아의 이름이 PNG의 첫 번째에 올 수 없다

-동반 성인 뒤에 입력한다.

유아의 좌석을 점유하지 않는다.

-단, 성인 혼자 2 명의 유아를 동반할 경우는 한 명의 유아는 소아와 동일하게 좌석을 점유하고 항공권을 구입하여야 한다.

또한 유아이지만 좌석을 원한다면?

-소아와 동일하게 성명을 입력하고 항공권 구매한다.

소아의 경우와 마찬가지로, 유아가 포함된 예약도 나이 입력은 필수다.

지시어 및 응답화면

Terminal NO : 511124

```
>*R
 1.1PARK/JISUNGMR 2.I/1PARK/AGIMSTR
 1 KE  17 K SU 10SEP  ICNLAX HS1  E 1500 1000   CAB Y
FONE-QSM-H P
>41F INFT 23SEP08-I2*
>

>*R
 1.1PARK/JISUNGMR 2.I/1PARK/AGIMSTR
 1 KE  17 K SU 10SEP  ICNLAX HS1  E 1500 1000   CAB Y
FONE-QSM-H P
AP FAX-1 OSIYY 1INF 12MONS PARK/AGIMSTR
>
```

→ INF의 이름이 자동으로 입력된다

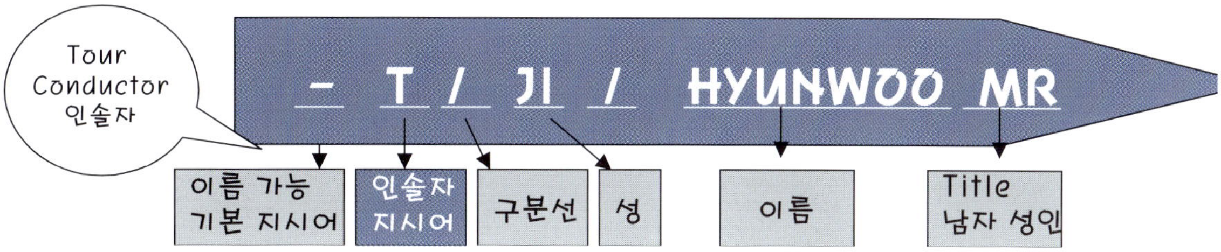
Tour
Conductor
인솔자
- T / JI / HYUNWOO MR
이름 가능 기본 지시어
인솔자 지시어
구분선
성
이름
Title 남자 성인

2_2 성명의 수정 및 삭제

Q

타인이나 대리인의 이름으로, 예약이 불가하다고 배웠는데…

➡성명의 삭제 또는 수정은 언제, 어떻게 한다는 걸까?

A

◆언제?

➡PNR 작성 중에 성명의 Spelling, Title, 또는 명단을 잘못 입력하였을 경우에 삭제/수정 등의 변경이 가능하다.

※ PNR 작성이 완료된 후에는 변경이 불가하므로, 최초 PNR 작성시에 주의를 기울여야하며 잘못된 경우에는 즉시 변경을 하여야 한다.

A

◆어떻게?

➡입력된 내용의 삭제 또는 수정기능Key인 로젠지 (Lozenge, @)를 이용하여 변경한다.

※ @ : 이름뿐만 아니라, 여정을 제외한 모든 Field에서 활용된다.

※ Note : 예약기록 수정/삭제 기능의 기본원칙

지시어 : 수정/ 삭제기능Key @가 쓰인다.
이용 : 성명(-), 전화번호(9), AP FAX(3 or 4), Remarks(5), Receive(6), TKT(7), TL(8)

삭제

각 Field 지시어	해당 Field의 Line NBR	수정/삭제 기능Key	1번 사항 삭제(예)
-	1	@	-1@
9	2		91@
4	3		41@
5	4		51@
6	5		61@
7	6		71@
8	~		81@

V 단, 2 개 이상 삭제할 경우에는

-> 뒷번호부터 차례로 삭제한다

수정

각 Field 지시어	해당 Field의 Line NBR	수정/삭제 기능Key	각 Field의 추가 지시어와 함께 변경내용 입력 –1번 사항변경(예)
-	1	@	-1@ KOH/SOOMR
9	2		91@ H*02-111-2222
4	3		41@ F 1INF 8MONS
5	4		51@ * ADD DATA
6	5		61@ HONG/KILDONG
7	6		71@ 0*1800000
8	~		81@ 60

작성중 PNR

Terminal NO : 300529

```
 1.1NA/KEUMSOONMS 2.1KOO/JAEHEEMR 3.1KIM/SAMSOONMS
4.1HYUN/JINHEONMR
NO ITIN
NO DATA
>
```

● 삭제방법

⇨ 지시어 : 이름기능Key " - + Passenger NBR + @ " 로 한다.

▶ KOO/JAEHEE를 삭제할 경우, 2번 승객이므로

Entry : -2@

or

▶ NA/KEUMSOON, KOO/JAHEE를 동시에 삭제할 경우,

Entry : -2@# -1@ 한 번에 연결하여, 또는 -2@후, -1@ 두 번에 걸쳐한다.

※ 두 개 이상의 성명을 삭제할 경우, Passenger NBR 뒷번호부터 지워야 혼돈이 일어나지 않는다.

◎ 구재희(2번 승객) 삭제 후, 응답화면

```
Login User : 8555105          Terminal NO : 300529
 1.1NA/KEUMSOONMS 2.1KOO/JAEHEEMR 3.1KIM/SAMSOONMS
4.1HYUN/JINHEONMR
NO ITIN
NO DATA
>-2@*
>*R
 1.1NA/KEUMSOONMS 2.1KIM/SAMSOONMS 3.1HYUN/JINHEONMR
NO ITIN
NO DATA
>
```

◎ 나금순(1번 승객)과 구재희(2번 승객) 동시삭제 후, 응답화면

```
Login User : 8555105          Terminal NO : 300529
>*R
 1.1NA/KEUMSOONMS 2.1KOO/JAEHEEMR 3.1KIM/SAMSOONMS
4.1HYUN/JINHEONMR
NO ITIN
NO DATA
>-2@#-1@*
>*R
 1.1KIM/SAMSOONMS 2.1HYUN/JINHEONMR
NO ITIN
NO DATA
>
```

● 수정 방법

⇨ 지시어 : " - + Passenger NBR + @ + **변경할 이름** " 으로 한다.

▶ **HYUN/JINHEON(4번 승객)을 DANIEL/HENRY로 변경할 경우, 수정지시어에 바로 연결하여 변경하고자 하는 이름을 입력하면 변경된다.**

Entry : -4@DANIEL/HENRY MR

◎ 현진헌(4번 승객)을 다니엘 헨리로 변경(수정) 후, 응답화면

```
Login User : 8555105          Terminal NO : 300529
 1.1NA/KEUMSOONMS 2.1KOO/JAEHEEMR 3.1KIM/SAMSOONMS
4.1HYUN/JINHEONMR
NO ITIN
NO DATA
>-4@DANIEL/HENRYMR*
>*R
 1.1NA/KEUMSOONMS 2.1KOO/JAEHEEMR 3.1KIM/SAMSOONMS
4.1DANIEL/HENRYMR
NO ITIN
NO DATA
>
```

● 삽입(추가) 방법

⇨ 지시어 : 삽입(Insert)기능 Key인 / 를 활용 한다.

▶ NA/KEUMSOON 앞에, NA/KEUMJAMS를 추가로 삽입하고자 할 경우, 1번 승객인 NA/KEUNSOON 앞에 오기 위해서는→ "/0" 의 지시어가 0번 뒤, 즉 첫 번째에 NA/KEUMJAMS가 입력된다
Entry : -/0 NA/KEUMJAMS(이름기능Key "-" 으로 시작한다)

Ex) KIM/SAMSOON(3번) 앞에 오게 하려면,
2번 뒤에 가야하므로 →-/2NA/KEUMJAMS

◎ 나금순(1번 승객) 앞에, 나금자를 추가로 삽입 후, 응답화면

```
Login User : 8555105          Terminal NO : 300529
>*R
 1.1NA/KEUMSOONMS 2.1KOO/JAEHEEMR 3.1KIM/SAMSOONMS
4.1HYUN/JINHEONMR
NO ITIN
NO DATA
>-/ONA/KEUMJAMS*
>*R
 1.1NA/KEUMJAMS 2.1NA/KEUMSOONMS 3.1KOO/JAEHEEMR
4.1KIM/SAMSOONMS 5.1HYUN/JINHEONMR
NO ITIN
NO DATA
>
```

● 소아(Child)와 인솔자(T/C) 표지(Indicator)의 삭제와 입력

⇨ 삭제에는 삭제기능Key " @ ", 입력에는 Insert 기능Key " / " 활용.

? 이 기능이 왜 필요한가?

-소아 또는 T/C는 유아와 마찬가지로, 성명 작성시 Indicator 입력 필요,
-나이 계산 등의 착오로 때로는 소아로 예약된 승객을 성인으로 변경해야 하고, 때로는 성인으로 예약된 승객을 소아로 변경해야 하는 경우가 자주 발생됨.

※ 운송/객실 서비스에 필요한 사항이므로, 변경 작업 필요

? 언제 가능한가?

- 이름 삭제/수정과는 달리, PNR작성 중에는 불가하며 PNR이 완성된 후에만 가능.

※ KE 구간이 아닌 OAL(Other Airline)구간이 포함된 경우는, OAL에서 Name Change로 간주되어 거절되는 경우도 있을 수 있으므로 주의 요망

◎ 삭제 : Minus 의미의 " - " 활용

```
-1@ -C
```

```
-1@ -T
```

◎ 입력 : 삽입(Insert)기능Key " / " 활용

```
-1@ / C
```

```
-1@ / T
```

□ ABACUS

성인승객	-LEE/SOON SINMR
7살 소아 여자 어린이	-LEE/SO AH MISS*C07
10개월 유아남자	-I/LEE/YOO AH MSTR*I10
소아 나이 수정방법	-1.1@*C6
유아 개월 수 수정방법	-2.1@*I15 (수정은 반드시 PNR 완성 후 수정할 것)
승객의 성명이 유사한 경우	-CHA/SEUNGWONMR/INPYOMR
좌석이 필요한 기내반입 수하물 (Cabin Baggage)	-CBBG/CELLO
첫 번째 승객이름 삭제	-1@
3번째 승객이름 Spell 수정	-3.1@SAMDOLMR (First Name)
이름 Field 조회	*N
입력된 Passenger Detail Type 조회	PD

※ Last NAME 변경과 삭제는 첫 EOT 이전에만 가능

● **12가지의 Title의 종류 (승객성명 뒤에 반드시 입력)**

MR MS MRS MSTR MISS PROF DR CAPT SIR REV
LADY LORD

3. 전화번호(Fone Field) 작성 및 수정

● **전화번호는?**

⇨ PNR 작성에 필요한, 3대 필수 요소 중 하나,

● **전화번호는 왜 중요할까?**

⇨ 항공사와 긴밀한 연락 채널 역할

⇨ 특히, 항공편의 출발시간 또는 기타 변경사항 발생 시 연락할 수 있는 전화번호는 필수

● **누구의 전화번호가 필요한가?**

⇨ 고객의 연락처(출발지+현지, 체류지 연락처)
⇨ 일행이 많을 경우, 연락 가능한 대표자 TEL
⇨ 여행사를 통해 예약할 경우, 여행사 전화번호

▶ 승객의 현재 위치한, 실제로 연락 가능한 전화번호가 첫 번째 연락처로 입력되어야 함.

● **전화번호는 왜 중요할까?**

⇨ 항공사와 긴밀한 연락 채널 역할
⇨ 특히, 항공편의 출발시간 또는 기타 변경사항 발생 시 연락할 수 있는 전화번호는 필수

3_1. 전화번호작성은?

⇨ 전화번호기능Key(숫자 9) " 9 + ☆ + * + 전화번호 " ☆란에는 집 H(Home), 사무실 B(Business Fone), 여행사 T(Travel Agent)

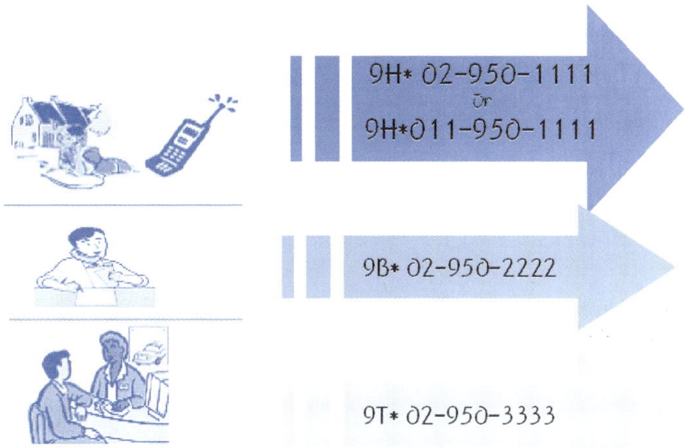

응답 화면

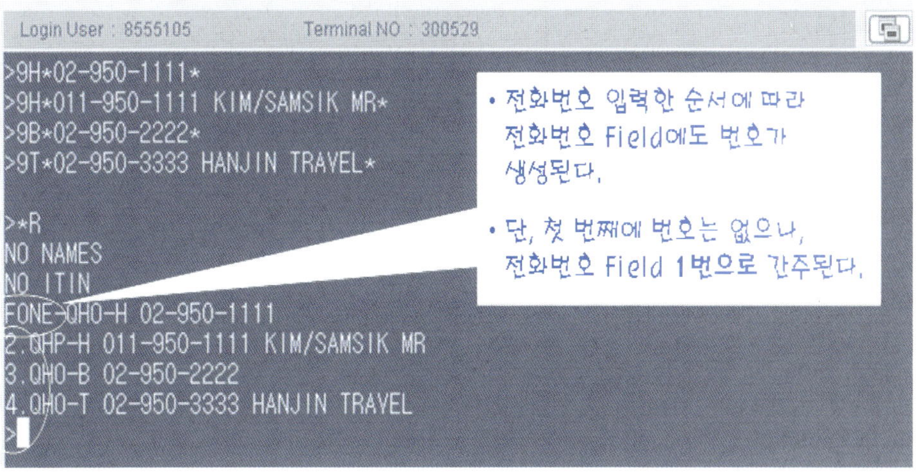

추가기능

* 전화번호 옆에 연락할 사람의 이름을 입력하면 아주 편리하지

Ex) 9H*02-950-1111 SEO/GOGAEG MIR

* 예약기록 중 특정 승객번호를 연결하여 입력이 가능하다. Passenger Relation이라 한다.

Ex) 9 2 H*02-950-1111

단, 첫번째로 입력되는 전화번호는 승객번호를 연결하여 입력할 수 없다.

3_2. 전화번호삭제 및 수정은?

⇨ TEL기능 Key 9 + Fone Field NBR + 삭제수정기능 Key @
"9 + ☆ + @ ", ☆ 란에는 전화번호 Field의 번호(NBR)를 입력한다.

◆ 기본 지시어: 첫 번째 전화번호 삭제할 경우

9 1 @

◆ 여러 개의 전화번호를 삭제할 경우

-연속된 번호 1~3번 삭제는 : 9 1 – 3@

-연결되지 않을 경우 1번과 4번 : 94@:91@

*뒷 번호부터 삭제한다

◆ 변경(수정) : 3번째 전화번호를 02-123-4567로 변경할 경우

93@H*02-123-4567

□ ABACUS

여행사 연락처	902-123-4567 KKK MS SEO - A
승객 연락처	9010-123-4567 YEBBEUNI - P
승객회사 연락처	902-345-6789 GGOTMINAM-B
Phone Field 3번째 항목 삭제	93@
3번째 항목 수정	93@010-234-5678 PRINCESS-H

※ 입력된 전화번호는 각 항공사로 보통 2개까지 전송된다.

4. 여정(Itinerary Field)

4_1. 여정이란?

⇨ CRS를 이용하여 작성하는 항공여객예약으로써 항공여정, 부대여정, 비항공운송구간을 모두 포함한 것이 여정이다.

- **항공여정(Air Segment)** : 항공기를 이용하여 이동하는 항공예약구간
- **부대여정(Auxiliary Segment)** : 항공편 예약에 따르는 부수적인 서비스인 Hotel, 렌터카, 열차(CRS로 예약이 가능한 기차, 유럽의 고속철 등) 및 기타 교통편의 예약으로, 항공여정 없이 부대여정만은 예약불가.
- **비항공 운송구간(ARNK : Arrival Unknown)** : 항공편 이외의 교통편으로 이동하는 구간, 즉 버스나 기차로 이동할 경우 예약기록에 비항공구간(Surface)임을 나타내기 위해 사용된다.

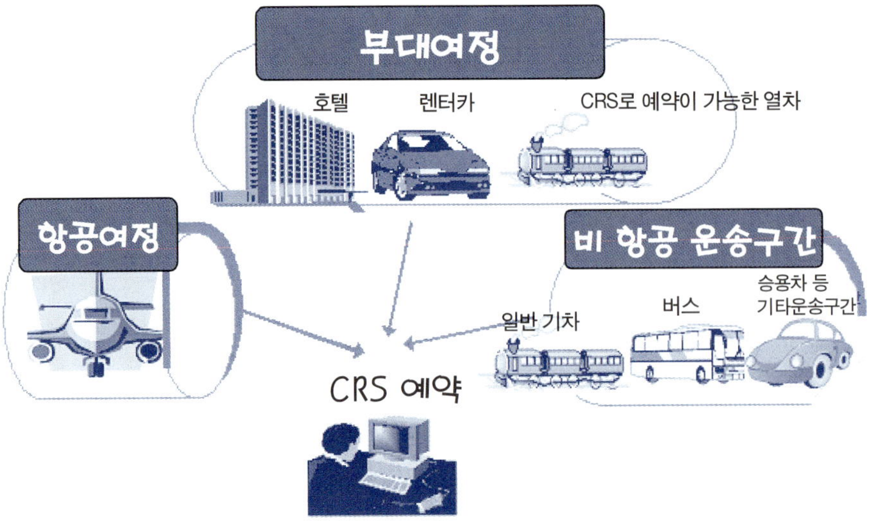

● 항공여정을 작성하려면?

하나 원하는 일자에 운항하는 항공편 조회가 필요하다 ⇨ 스케줄 조회

둘 매일 운항하는 것이 아니라면, 운항하는 요일에 대한 세부적인 정보가 필요하다 ⇨ 스케줄 타임테이블 조회

셋 원하는 항공편에 좌석이 가능한가?
⇨ 예약가능편 조회(자리 있어요?)

4_2. 스케줄 및 스케줄 Time Tabe 조회

Q. 항공스케줄은?

A. 여행지의 입장에서, 항공사나 항공편을 이용하는 데 고려하는 가장 중요한 요소이다.

Q. 항공스케줄의 경쟁력은?

A1. 풍부한 공급 : 풍부한 운항횟수, 다양한 노선
A2. 편리함 : 출/도착시간, 기재, 노선구조(직항, 경유 등)

Q. 스케줄의 경쟁력은 모든 고객에게, 동일한 의미가 있나요?

A1. 그런 것 아닌가요?

A2. 고객의 여행목적에 따라 중요하게 생각하는 점과 선택의 기준이 완전히 다르지요

Q. 스케줄 조회는 언제? "○○○가는 것 예약 좀 해 주세요" 라고 했을 때?

A. 좌석가능편 조회는 안 되지만 고객이 원하는 일자에 전체 항공 스케줄 조회를 위해서…
-좌석이 만석이라고 항공편 스케줄도 없는 건 아니니까…

Q. 스케줄 타임테이블은 언제 조회하면 유익한가?

A. TYO, BJS행 단거리 노선이나 주요 도시는 하루에도 여러 편이 운항하지만, 운항일자가 요일별로 다를 경우가 많다.
-그때 약 한 달 간(28일)의 운항시간표를 조회하면 안내가 쉽다.

1) 스케줄(Schedule) 조회

⇨ 스케줄 조회지시어는 Schedule의 S+날짜+출발지+도착지 순서로, 지정일의 스케줄만 조회할 수 있으며, 예약가능좌석 수 조회는 안 됨.

S24DECSELPAR

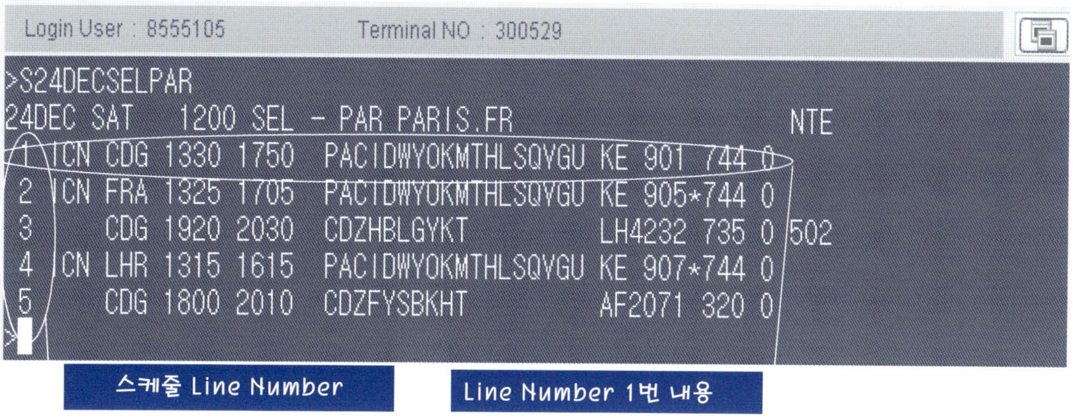

▷ Schedule 조회화면, 1번 Line Number 내용의 의미를 살펴보자.

1	: 조회된 스케줄 Line Number
ICN CDG	: 출발지/도착지 ⇨ 공항코드 기준
1330	: ICN 출발시간
1750	: 도착지 PAR(CDG) 시간 ⇨ 현지시간기준
PACIDW···	: 기내에 운영되는 Booking Class Code 내용
KE901	: 항공편명 ⇨ 항공사코드 및 편명
744	: 기종(Aircraft)
0	: 경유지 횟수 ⇨ 0은 직행편, Non-Stop 의미

2) 스케줄 타임테이블(Schedule Timetable) 조회

⇨ 지시어는 Schedule Timetable의 ST+날짜+출발지+도착지 순서로, 지정일로부터 28일간의 각 항공사 시간표가 조회됨

⇨ 구간에 따라 항공편이 매일 운항하지 않는 경우가 많으므로, 고객이 지정한 일자(요일)의 항공편 운항유무점검이 용이하다.

ST21JULSELOSA

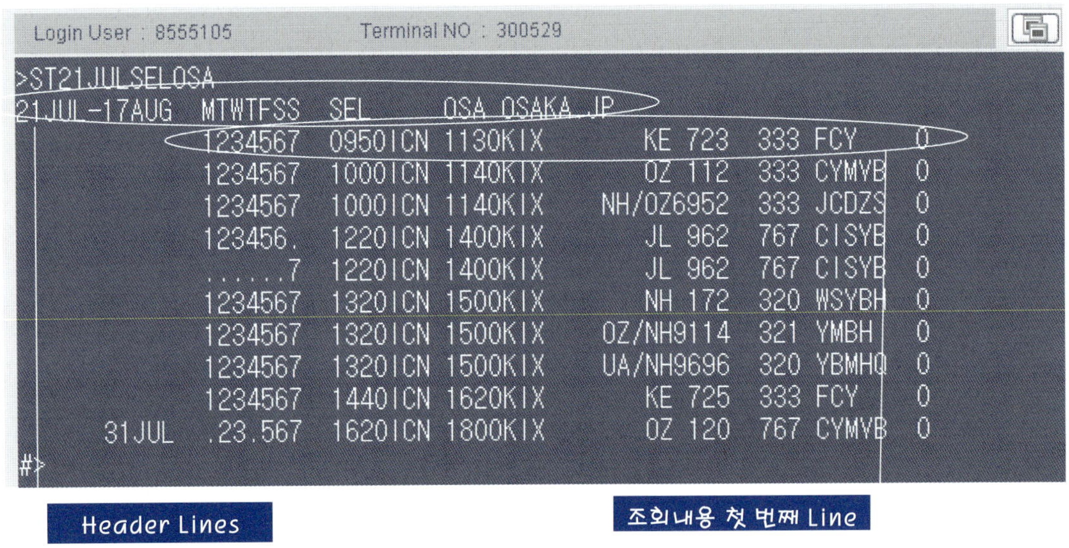

```
Login User : 8555105          Terminal NO : 300529
>ST21JULSELOSA
21JUL-17AUG  MTWTFSS  SEL       OSA OSAKA JP
             1234567  0950ICN 1130KIX        KE 723    333 FCY    0
             1234567  1000ICN 1140KIX        OZ 112    333 CYMYB  0
             1234567  1000ICN 1140KIX     NH/OZ6952    333 JCDZS  0
             123456.  1220ICN 1400KIX        JL 962    767 CISYB  0
             ......7  1220ICN 1400KIX        JL 962    767 CISYB  0
             1234567  1320ICN 1500KIX        NH 172    320 WSYBH  0
             1234567  1320ICN 1500KIX     OZ/NH9114    321 YMBH   0
             1234567  1320ICN 1500KIX     UA/NH9696    320 YBMHQ  0
             1234567  1440ICN 1620KIX        KE 725    333 FCY    0
      31JUL  .23.567  1620ICN 1800KIX        OZ 120    767 CYMVB  0
#>
```


▷ Header Lines 내용

21JUL-17AUG	: 적용기간 ⇨ 지정일 + 28일간.
MTWRFSS	: 월, 화, 수, 목, 금, 토, 일요일 표시 ⇨ Monday, Tuesday....
SEL OSA	: 출발지 / 목적지

▷ 조회내용 첫 번째 Line 내용

1234567 : 운항요일(1-월, 2-화, 3-수, 4-목, 5-금, 6-토, 7-일)
⇨ 월~일까지 Daily 운항의미

0950ICN : 출발시간 / 출발지-공항코드

1130KIX : 도착시간-현지시간기준 / 도착지-공항 코드

KE723 : 항공편명

333 : 항공기 기종(Aircraft)

FCY : 운영클래스

0 : 경유지 횟수 ⇨ 0은 직행편, Non-Stop 의미

◎ 특정 항공사의 Time Table만 조회할 때 ⇨ "지시어+ /항공사코드"

ST21JULSELOSA/KE

```
Login User : 8555105          Terminal NO : 300529
>ST22JULSELOSA/KE
22JUL-18AUG   MTWTFSS   SEL      OSA OSAKA.JP
              1234567   0950ICN 1130KIX        KE 723   333 FCY     0
              1234567   1440ICN 1620KIX        KE 725   333 FCY     0
              1234567   1905ICN 2045KIX        KE 721   744 FCY     0
>
```

◎ 스케줄 Time Table 간편 Entry 모음 :

⇨ 스케줄 타임테이블 조회 후, 연결하여 활용가능

Entry	기 능	추가 설명
STO	Original Time Table	다른 화면을 보다, 다시 처음 응답화면을 보고자 할 때
STR	Redisplay	재(다시)조회하고자 할 때
STO@15	15일 후의 Time Table	*STO는 출발지/목적지는 동일함을 전제로 함. 지정한 일자로부터 28일간
STO-20	20일 전의 Time Table	
STO24DEC	날짜 지정	
STO TYO	Original Time Table의 도착지에서 TYO까지의 Time Table 조회	STO가 "ST1AUGSELOSA"라면, 도착지 OSA와 TYO 간의 Time Table 조회
STB	복편의 Time Table	B는 Back, 즉 돌아옴 의미. 가장 많이 활용하는 지시어
STB@7	7일후 복편의 Time Table	
STB-7	7일전 복편의 Time Table	
STB20DEC	날짜지정 복편 Time Table	

3) 특정 비행편의 스케줄 조회

⇨ 해당비행편의 비행시간, 비행 중-중간 기착지가 있는 경우 지상 조업 소요 시간 등-세부 내용, 비행거리 등 비행편의 상황파악에 필요.

SKE001/01OCT

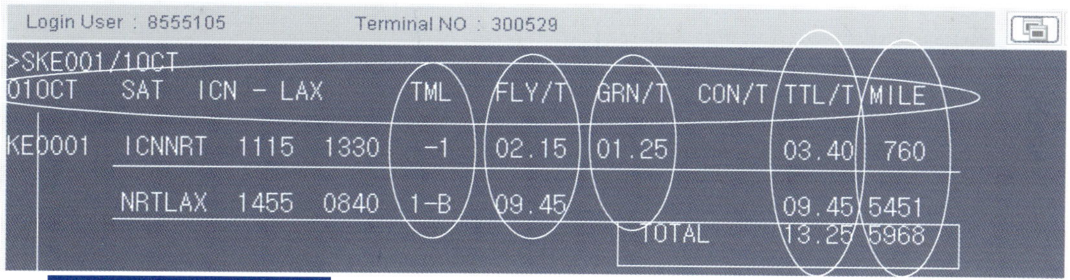

Header Lines

▷ Header Lines 내용

01OCT SAT : 지정일 및 요일

ICN - LAX : 출발지 - 도착지

TML : 이용 터미널(Terminal) 번호

⇨ ICN -1, NRT 1-B

FLY/T : 비행시간(Flying Time)

⇨ ICNNRT 2시간 15분, NRTLAX 9시간 45분

GRN/T : 지상조업 소요시간(Ground Time)

⇨ NRT 공항에서 1시간 25분

CON/T : Connection Time(비행편 연결시간)

TTL/T : 총 소요시간(Total Time)

⇨ ICNNRT 3시간 40분, NRTLAX 9시간 45분
ICNLAX 총 13시간 25분

MILE : 두 구간의 비행거리(Mileage)

⇨ ICNNRT 760 마일, NRTLAX 5451 마일
ICNLAX 총 5968 마일

□ ABACUS

⇨ Schedule 및 Schedule Time Table 조회

ABACUS Time Table	SSELSEA/ES#OZ
다음 화면 추가조회	S*
Time Table 조회	ST10NOVSELPAR
특정 항공사 지정	ST11DECSELHKG/OZ
복편 Time Table 조회	STB
날짜 지정 복편 Time Table 조회	STB25DEC
최근 Time Table 재 조회	STR
특정구간 Time Table 조회	SW*SELNYC
특정항공사 지정 조회	SW*SELCHI/OZ
특정편명 지정 조회	SW*SELTYO/OZ102
비행정보조회 - 특정비행편 스케줄 조회	V*OZ202/10SEP

4_3. 예약가능편(Availability) 조회

Q. 우리의 고객 들은 어떤 자리를 원하고 있을까?

⇨ 가격 수준을 염두에 둬야겠죠.

A1.

A2.

A3.

A4.

● 항공수요를 특성별로 구분하면 ?

주요 시장	◆ 상용 수요 ◆ 관광 수요
하부 시장	◆ 학생 수요 ◆ 어민 수요 ◆ 정부 수요 ◆ 종교 수요 ◆ 군인 수요 등...

● 항공수요별 주요 특성은 ?

구분	예약행태	승객특성	항공사입장
상용 수요	*출발 120-21일 전 까지는 예약이 거의 없음 *구체적인 일정을 1-2 주 내에 알기 어려워 예약할 수 없다. *출발 20일 전부터 상용 수요곡선에 변화 알기 시작하여 거의 매일 증가를 보임	*비용보다는 일정의 가능성에 관심 *회사가 비용지불/사업상 필요로 특정 장소에, 특정 시간에 도착 요함. *일등석 부족, 회사의 방침, 늦은 예약 등으로 일반석(Economy Class) 이용	*고가격의 운임 지불 능력 높은 여행빈도, 높은 Yield 로 인해 중요 수요로 인식됨.
관광 수요	*출발 180-60일 전, 비교적 일찍 예약이 이루어짐. *가장 좋은 조건(싼 가격)으로 여행하기 위해 사전에 계획, 예약함.	*휴가를 즐기기 위한 여행으로 단체 승객도 다수임. *좌석 확보나 싼 가격을 위하여 우회하거나, 특정 날짜를 피하기도 함.	*일정의 유동성, 민감성으로 싼 가격을 위하여 좋은 날짜와 여정을 포기할 수 있음. *상용 수요보다 먼저 발생함

Q. 고객의 여행목적을 어떻게 알 수 있지?

◉ 여행목적을 알아야 정확한 정보제공과 안내가 가능하다는 얘긴데.....

◉ 고객이 말씀을 해 주실까?

◉ 전화통화로 바로 알게 될까?

◉ 아니면, 유능한 직원만 알게 되는 걸까?

A1. 물론, 업무경험은 아주 중요한 역할을 하지.

◉ 업무경험이란, 풍부한 지식이 축적되는 것을 의미하기도 하니까.

◉ **풍부한 지식은?**

* 노선별 스케줄에 대한 풍부한 정보
* 노선별 특성-노선별 여행객의 출국목적에 대한 정보
* 내가 근무하고 있는 여행사의 수요특성에 대한 이해

⇨ 기획여행사(Package)라면?- 관광목적 고객비중이 높겠지

⇨ 상용고객 전문 여행사라면?- 당연히 출장목적이 주수요 등등

A2. 노선별 내국인 여행객의 출국목적을 살펴봅시다. (2005년 기준)

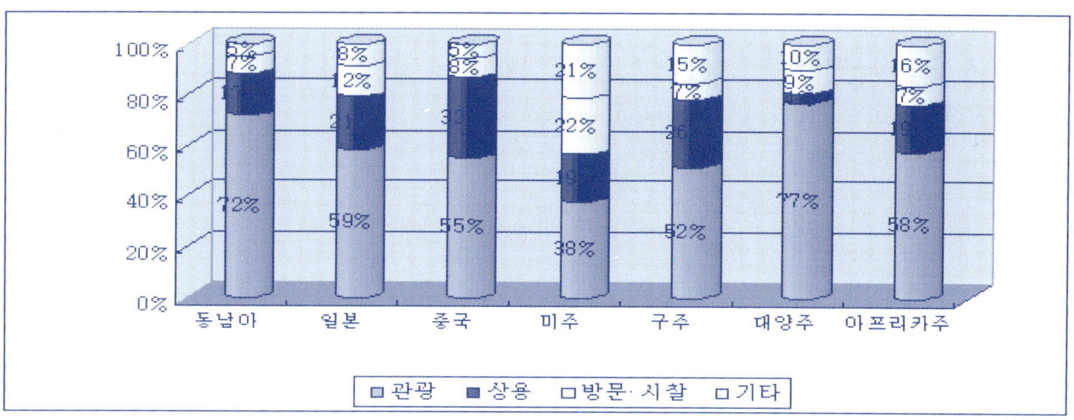

자료:(www.knto.or.kr) 한국관광공사, 관광통계(내국인출국-목적별/행선지별)

● 예약가능편(Availability) 조회기본 Entry

⇨자리(좌석) 있어요? Availability의 첫 자 "A+일자+출발지+목적지"

A1OCTSELTYO

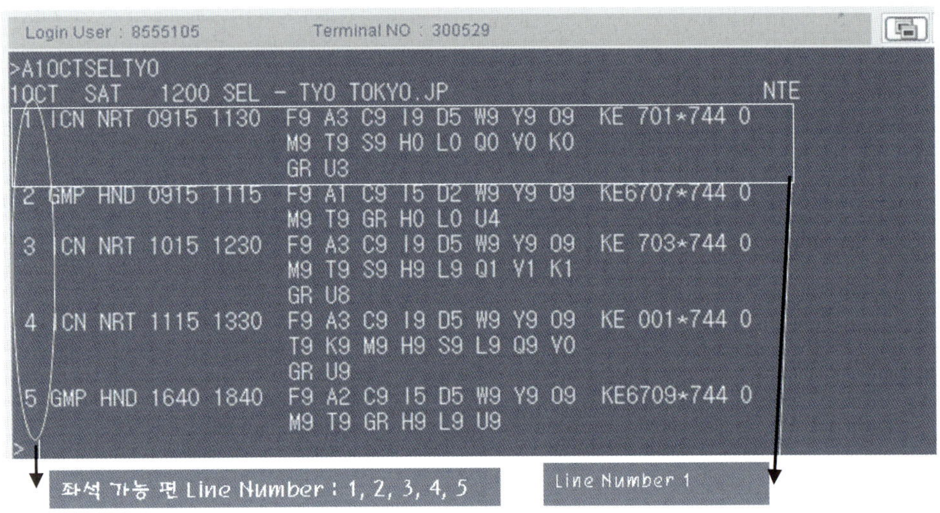

▷Line Number : Availability 번호 1,2,3,4,5의 의미

▷Line Number 1 내용

ICN NRT : 출발지 ICN – 도착지 NRT < 공항 코드 기준>

0915 1130 : 서울 출발시간 / 동경 현지시간기준 도착시간

F9 A3 C9 ....: 운영 Booking Class + 예약가능좌석 수
단, 9는 9자리 남았다는 의미가 아니라
"9석 이상 ~ 항공기 장착좌석 미만"의 여유좌석의미

KE701* : 항공사 KE + 편명 ⇨ KE701편
* ⇨ 전자항공권(e-Ticket) 가능편임을 의미

744 : 기종

0 : 경유지 없음 의미

A10NOVROMSEL

```
Login User : 8555105          Terminal NO : 300529
>A10NOVROMSEL
10NOV THU   1200 ROM - SEL SEOUL.KR                             NTE
 1 FCO ICN  9-1930 1445*1J9 C9 I9 D3 W9 Y9 O9  KE 928*744 0
                          K9 M9 T9 H9 L9 S9 Q9
                          V9 GR U9
 2 FCO ICN 11-1930 1445*1J9 C9 I9 D2 W9 Y9 O9  KE 928*744 0
                          K9 M9 T9 H9 L9 S9 Q9
                          V9 GR U4
 3@FCO FRA 10-1440 1645  C9 D9 Z9 H9 B9 L9 G9  LH3845 735 0 502
                          Y9 K9 T9
 4     ICN 10-1920 1335*1P9 A3 C9 I9 D4 W9 Y9  KE 906*744 0
                          O9 K9 M9 T9 H9 L9 S9
#>
```

▷ 10NOV THU : 11월 10일, 목요일의 좌석가능편 조회

▷ Line Number 1

FCO ICN : 출발지 ROM(공항 FCO) - 도착지 서울(ICN)

9-1930 1445*1 : 출발시간 앞 "9" 는 11월 9일 의미
도착시간 뒤 "*" 는 출발일 다음 날 (+1일) 도착 의미
Ex) 1300*2 : 출발일 +2일 후, 1300-1 : 출발일 전일 의미
⇨ 세계에는 시차가 있고, 현지시간기준으로 표시되어 발생

▷ Line Number 3, 4

3@FCO FRA 10-1440 1645 : Line NBR 3, @ Direct Sell (/ Direct Access)
출발지 FCO - 도착지 FRA
출발 10일 1440 - 도착 동일일자 1645

4 ICN 10-1920 1335*1 : Line NBR 4 / 출발지 FRA-도착지 ICN
10일 1920 출발 - 11일(10+1일) 1335 도착
⇨ **출발지가 빈 것은 3번 Line의 도착지인 FRA와 동일함 의미**
즉, 출발지에서 목적지까지 직행편이 없어 경유편 안내함

♧ ROMSEL은 매일 운항하지 않음을 알 수 있다.

⇨ 운항 요일을 알기 위해서는 스케줄 타임테이블 "ST1NOVROMSEL" 조회로 가능.

A1SEPSELHKG/CX : 항공사 지정하여 가능편 조회

```
Login User : 8555105          Terminal NO : 300529
>A1SEPSELHKG/CX
1SEP  THU   1200 SEL - HKG HONG KONG.HK                     NTE
 1@ICN HKG 1030 1310  J9 C9 D9 I9 Y9 B9 H9 K9  CX 417 773 0 502
                      M9 L9
 2@ICN HKG 1535 1810  J9 C9 D9 I9 Y9 B9 H9 K9  CX 411 330 0 502
                      M9 L9
 3@ICN HKG 2000 2235  J9 C9 D9 I9 Y9 B9 H9 K9  CX 419 330 0 502
                      M9 L9
 4@ICN HKG 0935 1350  J9 C9 D9 I9 Y9 B9 H9 K9  CX 421 330 1
                      M9 L9
>
```

▷ 또는 A1SEPSELHKG*CX

⇨ TOPAS를 통해서 예약할 경우, KE 이외의 구간은 General Seat Availability상에서 예약이 되나, A1SEPSELHKG*CX 로 조회하면 Last Seat Availability 상태에서 예약이 작성되어 더 정확하다.

단, Direct Sell, Direct Access 항공사만 가능하다.

◎ 선택사항 지정, 예약가능편 조회 Entry

지시어(Entry)	기 능
A20SEPSELMIA -LAX	SEL에서 MIA까지 직행편이 없으므로, LAX를 경유하여 연결되는 스케줄 조회, ex) SEL-LAX-MIA
A11NOVSELMIA-LAX-DL	SEL에서 MIA까지 LAX를 경유하여 가되, LAX-MIA 구간을 DL로 연결되는 스케줄 조회(Display)
A11NOVSELMIA-KE-LAX-DL	SEL-LAX구간은 KE, LAX-MIA 구간은 DL로 연결되는 스케줄 Display

◎ 예약가능편 조회 관련 간편 Entry 모음 :

⇨ 예약가능편 조회 후 연결하여 활용가능

Entry	기 능
A*	현재 응답 외에 추가가능편 조회 : Display More
AO	추가조회 또는 다른 내용 조회 후 ⇨ 다시 Original Availability 조회
AO@3	3일 후의 동일한 구간 예약가능편 조회
AO24DEC	동일한 구간의 12월 24일 예약가능편 조회
AO1000	예약가능편(Availability)을 10시 기준으로 조회
AR	Redisplay
AOBKK	Original 예약조회된 목적지를 출발지로 하고, BKK을 목적지로 하는 예약조회 Ex) A1SEPSELHKG ⇨ AOBKK : A1SEPHKGBKK 의미
AB	현재 조회된 예약가능편의 "복편" 예약가능편 조회
AB@5	5일 후의 복편구간 예약 가능 편 조회
AB1700	복편구간을 1700시 기준으로 조회
AB10NOV	11월 10일의 복편예약가능편 조회

□ ABACUS

● 예약가능편 (Availabilaty) 조회기본 Entry

⇨ "1 또는 A + 일자 + 출발지 + 목적지"

110SEPSELHKG 또는 A10SEPSELHKG

● 예약가능편 조회관련 간편 Entry 모음 :

⇨ 예약가능편 조회 후 연결하여 활용 가능

지시어	기 능
110OCTSELHKG0900	출발시간대를 오전 9시로 지정
111NOVSELPAR0900BKK	경유지 BKK 지정(시간대 반드시 지정필요)
120DECSELSFO/1600	도착시간대를 오후 4시로 지정
123DECSELDEL#OZSQ	항공사를 OZ, SQ 복수로 지정
122NOVSELREP/D	직행편(Direct Flight)만 조회
1*	다음 화면 - 추가가능편 조회
1@SQ	특정항공사(SQ) 실제잔여좌석 조회로 변경
1-M	특정좌석등급(M Class) 지정
1-1	요청일자의 전일
1#2	요청한 일자의 2일 후
120NOV	출발일자를 20NOV로 변경조회
1SEA	경유지 지정
1R	복편(Return)조회
1R30SEP	복편일 지정
1*DOSA	출발(Departure)도시변경
1*ABKK	도착(Arrival)도시변경
1*OA	최초예약가능편 화면 재조회
1*R	최근의 예약가능편 재조회(Redisplay)

▷ 상기의 모든 지시어의 "1"은 "A"로 변경사용가능.

4_4. 여정작성

● **여정을 작성하는 방법은 크게 두 가지로 분류됩니다.**

⇨ 하나 예약가능편을 이용한 여정작성

둘 항공편, 날짜, Class 등을 직접(Direct) 입력하여 여정을 작성하는 방법

● **기타**

* 좌석이 없을 경우, 대기자 예약하는 방법
* 직행편이 없을 때 경유편 예약하는 방법
* 비항공 운송구간 예약방법들을 공부하여야 합니다.

A1. 일행이 몇 명인지?

⇨ 몇 좌석을 예약해야 하는지 상관있어요.
단, 유아는 좌석을 점유하지 않아요.

A2. 일등석, 비즈니스석 등 예약등급

⇨ 예약작성할 때 Booking Class와 상관 있어요.

A3. 일반석일 경우는 Check할 것이 더 많아요.

⇨ 편도/왕복, 왕복일 경우-여행기간,
사전 발권가능성,
출발 후 여정변경여부,
마일리지 보너스 사용여부,

⇨ 모두 Booking Class에 영향을 주죠.

※ 한국지역 Booking Class 현황참조요망

1) 예약가능편(Availability) 조회를 이용한 여정작성

⇨ 예약가능편 조회(A+일자+출발지+도착지) 후,

: " N + **요청좌석 수** + BKG CLS + Line Number "

Need의 "N"으로, 요청합니다의 의미.

※ 좌석이 없어, 대기자로 예약요청시 ⇨ "지시어 + L"

: " N + **요청좌석 수** + BKG CLS + Line Number + L "

● 좌석 있는 경우 예약 작성과 대기자 예약 작성 방법

A31JULSELTYO

```
Login User : 8555105            Terminal NO : 300529
>A31JULSELTYO
31JUL SUN    1200 SEL - TYO TOKYO.JP                          NTE
 1 ICN NRT 0915 1130  F9 A0 C9 I9 D0 W5 Y5 05  KE 701*743 0
                      M5 T5 S5 H5 L0 Q0 V0 K0
                      N0 GR U0
 2 GMP HND 1000 1200  F8 A4 C9 I3 D2 W9 Y9 09  KE6707*744 0
                      T9 GR H9 L9 U2
 3 ICN NRT 1015 1230  C4 I4 D0 W8 Y8 08 M8 T0  KE 703*772 0
                      S0 H0 L0 Q0 V0 K0 N0 GR
                      U0
 4 ICN NRT 1115 1330  F9 A0 C9 I9 D2 W9 Y9 09  KE 001*744 0
                      T9 K9 M9 H9 S9 L0 Q0 V0
#>
```

① 좌석이 있는 경우 : KE701, W/CLS, 3석 예약 ⇨ Line NBR 1

N3W1

```
Login User : 8555105          Terminal NO : 300529
#>N3W1
 1 KE 701 W SU 31JUL   ICNNRT HS3  E 0915 1130   CABIN Y
   ** *RTN CHK-IN APPLICABLE FLT X PLZ INFO*
   **                   /  NRT TEMINAL 1
>
```

지시어

HS3 : 3좌석 확약 의미

② 대기자 예약인 경우 : KE703, T/CLS, 2석 예약 ⇨ Line NBR 3

⇨ 응답화면에 좌석 없으므로 <u>대기자 예약요청필요</u>

※ *좌석상황은 수시로 변화하여, 대기예약 후 확약될 가능성이 있으므로 대기자 예약요청하고 응답을 기다려야 한다.*

N2T3L(또는 N2T3으로 요청해도 대기예약됨)

```
Login User : 8555105          Terminal NO : 300529
#>N2T3L
 1 KE 703 T SU 31JUL   ICNNRT HL2  E 1015 1230   CABIN Y
   ** *RTN CHK-IN APPLICABLE FLT X PLZ INFO*
   **                   /  NRT TEMINAL 1
>N2T3
 2 KE 703 T SU 31JUL   ICNNRT HL2  E 1015 1230   CABIN Y
   ** *RTN CHK-IN APPLICABLE FLT X PLZ INFO*
   **                   /  NRT TEMINAL 1
>
```

HL2 : 2좌석 대기자 예약 의미

◎ 대기자 예약도 불가한 경우

A31JULSELGUM ⇨ N2K1

```
Login User : 8555105          Terminal NO : 300529
>A31JULSELGUM
31JUL SUN   1200 SEL - GUM GUAM.GU                           NTE
 1 ICN GUM 31-1930 0050*1Z0 W0 Y0 O0 K0 T0 M0  KE 807*333 0
                            H0 GR S0 L0 Q0 V0 N0
                            U0
 2 ICN GUM 31-2030 0150*1Z5 W8 Y8 O0 K0 T8 M0  KE 805*333 0
                            H8 GR S8 L0 Q0 V0 N0
                            U0
 3 GMP PUS 31-1830 1930  C2 I0 D0 Y9 GR U0 Y0  KE1145*738 0 502
 4     GUM 31-2115 0225*1Z0 W0 Y0 K0 M0 H0 GR  KE6801*738 0
                            S0 L0 Q0 V0 N0 U0
 5 ICN NRT 31-1115 1330  F9 A0 C9 I9 D2 W9 Y9  KE 001*744 0

>N2K1 ──────────→ KE807, K/CLS, 2석 요청-> Line NBR 1
UNABLE WL NOT ALLOWED
>
```

Unable WL NOT Allowed : WL(Waiting List), 대기자 예약도 불가

● 직행편이 없어, 연결편(Connection Flight)으로 예약할 경우

⇨ Booking CLS가 상이한 경우와 동일한 경우의 예약작성방법

A1SEPSELHKT

```
Login User : 8555105          Terminal NO : 300529
>A1SEPSELHKT
1SEP  THU   1200 SEL - HKT PHUKET.TH                            NTE
 1 ICN BKK  1-2025 2345  C9 I9 D9 W9 Y9 O9 K9  KE 653*773 0
                         M9 S9 T9 H9 GR Q9 L9
                         N9 V9 U0
 2*     HKT  2-0605 0725  C4 Y4 M4 S4 V4 W4 T4  TG 201 AB6 0 502
 3 ICN HKG  1-0855 1130  F9 A6 C9 I8 D3 W9 Y9  KE 603*773 0
                         O9 T9 K9 H9 M9 S9 E9
                         L9 Q9 GR U9 N9 V9
 4     HKT  1-1640 1910  C. D. W. S. Y. B. H.  OX 219 747 0 502
                         Q. M. K.
 5 ICN HKG  1-1930 2210  C9 I9 D2 W9 Y9 O9 T9  KE 607*74E 0
```

① BKK을 경유하되, KE653편은 K/CLS - TG201편은 V/CLS로 2좌석예약

N2K1V2 : KE653-Line NBR 1 / TG201-Line NBR 2

```
Login User : 8555105          Terminal NO : 300529
>N2K1V2
 1 KE 653 K TH  1SEP  ICNBKK HS2 XE 2025 2345   CABIN Y
 2 TG 201 V FR  2SEP  BKKHKT SS2    0605 0725 LR
   ** NON SMOKING FLIGHT LEG
>
```

② BKK을 경유하되, KE653, TG201편 모두 C/CLS로 2좌석예약

⇨ 동일 CLS일 경우 첫 편 Line NBR와 *로 연결가능

N2C1C2 또는 **N2C1***

```
Login User : 8555105          Terminal NO : 300529
>N2C1C2
1 KE 653 C TH  1SEP  ICNBKK HS2 XE 2025 2345   CABIN C
2 TG 201 C FR  2SEP  BKKHKT SS2    0605 0725 LR
  ** NON SMOKING FLIGHT LEG
>
```

```
Login User : 8555105          Terminal NO : 300529
>N2C1*
1 KE 653 C TH  1SEP  ICNBKK HS2 XE 2025 2345   CABIN C
2 TG 201 C FR  2SEP  BKKHKT SS2    0605 0725 LR
  ** NON SMOKING FLIGHT LEG
>
```

2) 항공편, 날짜, Class 등을 직접 입력하는 방식의 여정작성

: Direct Segment 방식을 이용한 여정작성

⇨ 예약가능편을 조회하지 않고, 직접 여정을 작성하는 방식으로 <u>목적지행 스케줄, 항공편명을 이미 알고 있을 때 이용하는 방식이다.</u>

⇨ 여정 Field를 나타내는 숫자/부호인 "0"이 지시어의 시작인데, <u>숫자 "0"을 Segment 의 SEG(쎄그)로 줄여서 부른다.</u>

◎ 좌석이 가능한 경우

⇨ 예약가능편 조회 후, 예약할 때와 동일하게 바로 **확약**(HS)된다.

```
Login User : 8555105          Terminal NO : 300529
>0KE081P16SEPSELNYCNN1
 1 KE  81 P FR 16SEP  ICNJFK HS1  E 1100 1140   CABIN F
   ** ***** SKYPASS HIGH SEASON *****
   ** **          INQUIRE PCTC IF US CITIZEN          ** **
   ** ** 41S1F PCTC CTC NAME/US TEL NBR.RELATION(OPT) ** **
   ** BE SURE TO GIVE THE INFO-INTENSIFIED SECURITY RULES-
```

◎ 좌석이 만석이어서 불가능한 경우

⇨ 좌석불가응답과 함께 해당일자의 예약가능편이 조회된다.

```
Login User : 8555105          Terminal NO : 300529
>0KE081I16SEPSELNYCNN1
KE  081 I UNABLE  0  AVAILABLE
16SEP FRI    1100 ICN - JFK NEW YORK.NY.US                    NTE
 1 ICN JFK 1100 1140  P9 A2 C9 I0 D0 W9 Y9 K9  KE 081*744 0
                      O9 M9 E8 T9 H9 L9 S9 Q9
                      V2 N2 U0 GR
 2 ICN JFK 1850 1930  P7 A1 C9 I0 D0 W9 Y9 K9  KE 085*772 0
                      O9 M9 E0 T9 H9 L9 S9 Q9
                      V0 N0 U0 GR
```

I CLS 불가(Unavailable), 가능좌석 0 이라는 응답

해당 일자의 좌석 가능 편이 함께 Display 된다.

⇨ 해당 CLS에 좌석이 없어, 직접예약방식으로 대기자 예약을 할 경우는 직접예약방식의 "NN" 대신 ⇨ "LL"로 요청한다.

0KE081I16SEPSELNYC LL1 : 대기예약(HL)된다.

```
Login User : 8555105          Terminal NO : 300529
>0KE081I16SEPSELNYCLL1
 1 KE  81 I FR 16SEP  ICNJFK HL1  E 1100 1140   CABIN C
   ** ***** SKYPASS HIGH SEASON *****
   ** **          INQUIRE PCTC IF US CITIZEN            ** **
   ** ** 41S1F PCTC CTC NAME/US TEL NBR.RELATION(OPT) ** **
   ** BE SURE TO GIVE THE INFO-INTENSIFIED SECURITY RULES-
```

3) 미확정 구간 (Open Segment)의 예약작성 : 지시어 ⇨ "QQ"

⇨ 미확정 구간이란, 예약일자가 미정되었음을 의미한다.

미확정 구간 예약작성은 왜?

- **항공권을 발권하기 위해서는** 고객이 여행하는 전체여정의 구간이 필요한데, 여행일자가 미정된 구간이 포함되었을 경우
- 하지만 항공권 발권에 필요한 구간과 CLS는 미확정(Open)할 수 없다

미확정 구간예약의 특성

- 미확정이 가능한 요소는 항공사, 편수, 날짜이나,
- 날짜 : **여정의 첫 번째 구간**(Segment)이 Open일 경우에 *날짜 미확정이 불가능*하므로 **임의의 날짜를 지정**하여야 하며,
- 항공사코드 : **실제 코드** 또는 **모든 항공사를 의미하는 "YY"** 를 써야 한다 ⇨ 항공코드가 지정되었을 경우에는 그 항공사가 실제로 운항하는 구간이어야 한다.

※ 왕복여정의 복편이 Open일 경우, 동일 항공사코드를 지정하여야 저렴하므로 대체로 왕복구간을 동일항공사로 지정한다.

0YY 0Y NRTICN QQ2	: 항공사, 편수, 날짜가 모두 미확정
0YY 0Y 10SEP NRTICN QQ2	: 항공사, 편수가 미확정인 경우
0KE 0Y 10SEP NRTICN QQ2	: 편수가 미확정인 경우

▷ 응답화면

Login User : 8555105　　Terminal NO : 300529

```
>0YY0YNRTICNQQ2
 1 YY    0 Y           NRTICN QQ2
>0YY0Y10SEPNRTICNQQ2
 2 YY    0 Y SA 10SEP  NRTICN QQ2
>0KE0Y10SEPNRTICNQQ2
 3 KE    0 Y SA 10SEP  NRTICN QQ2  E
```

4) 비항공 운송구간작성

⇨ 여정 중에 항공기를 이용하지 않고, CRS 예약이 불가한 교통수단을 이용하여 이동할 경우 ⇨ 항공예약상에 비항공 운송구간을 작성, 구간의 연속성을 맞추어야 한다.

⇨ 비항공 운송구간(Surface)은 ARNK(Arrival Unknown)로 여정을 작성한다.

⇨ 여정작성은 여정을 나타내는 숫자 "0"과 ARNK의 "A"를 결합하여, 직접예약 방법(Direct)으로 작성하면 여정에 ARNK로 표시된다.

0A

```
Login User : 8555105          Terminal NO : 300529
>0A
   ARNK
>*R
NO NAMES
 1 KE  17 P WE 10AUG  ICNLAX HS1  E 1500 1020   CAB F
 2 ARNK
 3 KE  86 P SA 20AUG  JFKICN HS1  E 0050 0420*1 CAB F
NO DATA
>
```

5) 여정작성시 유의사항

- **좌석 수** : 여행하는 승객의 수와 좌석의 수는 반드시 일치해야 한다.
  단, 유아(Infant)는 좌석을 점유하지 않으므로 좌석 수에서 제외한다.

- **시간의 연속성** : 여정순서와 동일하게 날짜도 순서대로 진행되어야 한다.

- **구간의 연속성** : 각 구간출발지는, 전 구간도착지와 일치해야 한다.

◎ 시간의 연속성

⇨ 각 여정의 출발일은, 바로 전 여정의 도착일과 같거나 늦어야 한다.

⇨ 동일일자 연결편일 경우, 연결편의 시간이 해당공항의 최소연결시간 (MCT : Minimum Connecting Time)을 준수하여야 한다.

```
Login User : 8555105          Terminal NO : 300529
 1.1JIN/HONEYMR
 1 JL 962 C WE 21SEP  ICNKIX HS1    1220 1400   DS
 2 JL1308 J WE 21SEP  KIXHND HS1    1450 1555   DS
FONE-QHO-H 02-111-2222
>E
    RECOMMENDED RSVN NBR IS NIL
PRESS ENTER KEY OR INPUT NEW RSVN NBR
>E/
MIN CONNX TIME SEG 2 AT KIX 01.15
>
```

▷ 날짜는 동일하나 KIX공항에서 MCT가 1시간 15분 필요한데, KIX에 1400 도착하여 1450분 출발편으로 예약, 연결시간이 50분으로 MCT가 부족하여 경고성 Error Message가 생성되었다.

▷ MCT를 준수하지 않을 경우, 예약완료시 Error Message가 생성되며 이를 무시하고 다시 완료 지시어(E)를 입력하면 PNR 작성은 가능하나, 고객이 연결편 탑승을 못하는 불편을 초래할 수 있다.

◎ 각 도시별 MCT 확인방법

SM*ICN : 특정도시의 전체 MCT Table 조회

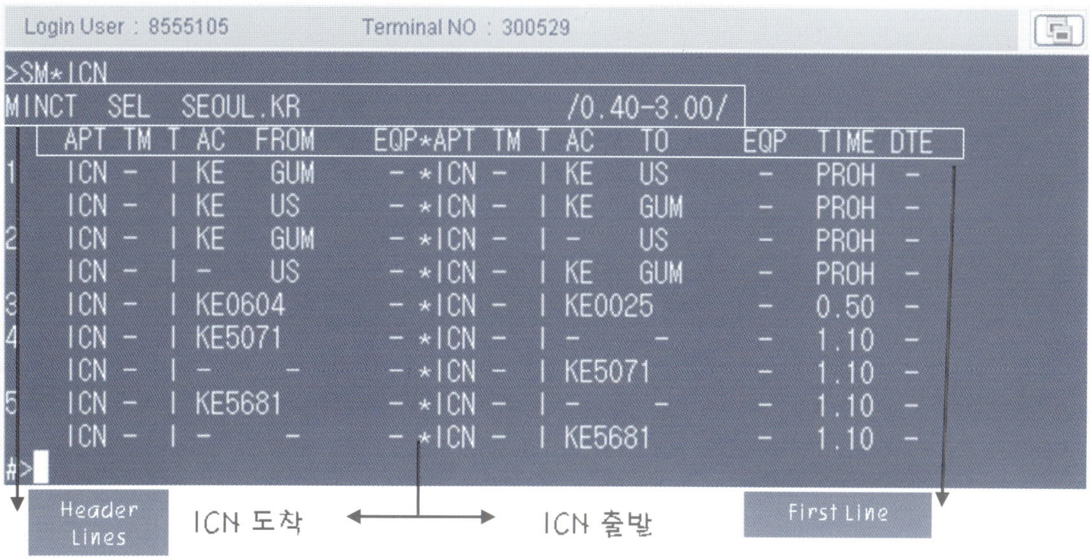

▷ Header Lines

/0.40-3.00/: ICN 공항의 가장 짧은 연결시간과 가장 긴 연결시간

▷ First Line

APT	: Airport (출/도착공항)
D/I	: Domestic / International (국내선/국제선)
ALC	: Airline Code (항공사코드)
FRM	: From - Origin 도시나 국가코드 또는 항공편명
EQP	: Equipment
*	: *를 기준으로 왼쪽은 해당도시도착, 오른쪽은 출발의미
TO	: 목적지(Destination) 도시나 국가코드 또는 항공편명
TIME	: 적용되는 MCT

SM*ICN/ : 사례별로 확인할 경우

⇨ 응답화면에 해당여정조건을 입력하면, 필요한 MCT결과를 보여 준다.

◎ 구간의 연속성

⇨ 예약기록의 여정은 순서대로 연결되어야 한다. 즉, 전구간의 도착지와 연결되는 구간의 출발지가 동일해야 한다.

⇨ 구간의 연속성이 맞지 않은 상태에서, PNR을 완료(E Enter)하려고 하면 "SEG CONTINUITY SEG 2"라는 응답이 나옴.

```
Login User : 8555105          Terminal NO : 300529
 1.1KIM/SAMSOONMS
 1 KE 723 F MO 15AUG  ICNKIX HS1  E 0950 1130   CAB F
 2 KE 704 F SA 20AUG  NRTICN HS1  E 1355 1620   CAB F
FONE-QHO-H PWCT
>E
     RECOMMENDED RSVN NBR IS NIL
PRESS ENTER KEY OR INPUT NEW RSVN NBR
* CHECK SKYPASS *
>E/
SEG CONTINUITY SEG 2
>
```

▷ 도착지는 OSA 공항 KIX인데, 출발지가 TYO공항 NRT로 구간의 연속성이 맞지 않는다는 응답이 나옴.

◎ 구간의 연속성 점검 Point

○ **출/도착지의 다른 공항코드** : 동일도시의 복수공항(Multi Airport)으로, 동일도시로 간주하여 구간의 연속성 인정.

○ **동일구간의 이중예약** : 구간의 연속성 점검에서 제외된다.

○ **부대여정(호텔, 렌트카 등)** : 구간의 연속성에서 제외한다.
단, 시간의 순서(연속성)는 지켜져야 한다.

○ **비항공 운송구간(타 교통수단으로 이동)** : 비항공 운송구간 여정작성방법에 의해 구간의 연속성을 맞추어야 한다.

○ **기 타** : 여정을 결정하지 못하여, 구간의 연속성에 맞지 않는 구간이 포함되어 있을 때 ⇨ 실제 구간으로 간주하지 말라는 의미의 지시어인 I(Ignore, 무시하라는 의미) Indicator로 맞춘다.

```
Login User : 8555105          Terminal NO : 300529
 1.1KIM/SAMSOONMS
 1 KE 723 F MO 15AUG  ICNKIX HS1  E 0950 1130   CAB F
 2 NH 144 F TH 18AUG  KIXHND HS1    0955 1100   DS
 3 KE 724 F SU 21AUG  KIXICN HS1  E 1340 1530   CAB F
FONE-QHO-H PWCT
>E
     RECOMMENDED RSVN NBR IS NIL
PRESS ENTER KEY OR INPUT NEW RSVN NBR
* CHECK SKYPASS *
>E/
SEG CONTINUITY SEG 3
>
```

▷ 여정이 SEL/KIX, KIX/HND, KIX/SEL로 2번 구간의 여정이 연속성에 위배되어 작업종료불가(SEG CONTINUITY SEG 3)

```
Login User : 8555105          Terminal NO : 300529
 1.1KIM/SAMSOONMS
 1 KE 723 F MO 15AUG  ICNKIX HS1  E 0950 1130   CAB F
 2 NH 144 F TH 18AUG  KIXHND HS1    0955 1100   DS
 3 KE 724 F SU 21AUG  KIXICN HS1  E 1340 1530   CAB F
FONE-QHO-H PWCT
>.2I
SEG  2 IGN TKTG/FQ
>*R
 1.1KIM/SAMSOONMS
 1 KE 723 F MO 15AUG  ICNKIX HS1  E 0950 1130   CAB F
 2 NH 144 F TH 18AUG  KIXHND HS1 I  0955 1100   DS
 3 KE 724 F SU 21AUG  KIXICN HS1  E 1340 1530   CAB F
FONE-QHO-H PWCT
>E
     RECOMMENDED RSVN NBR IS NIL
PRESS ENTER KEY OR INPUT NEW RSVN NBR
* CHECK SKYPASS *
>E/   OK  291-1753
```

1단계 : 해당구간에 "I" 입력

2단계 : 해당 SEG 에 "I" 표시됨

3단계 : PNR 완료, 예약번호 생성됨

▷ 구간연속성에 위배되는 2번 SEG를 실제구간이 아니라는 의미의 I(gnore) 입력할 경우 PNR 예약번호 생성 가능함.

▷ **지시어** : DOT + **해당** SEG + Ignore => " .2 I "

```
Login User : 8555105          Terminal NO : 300529
 1.1KIM/SAMSOONMS
QHOKEZC 30JUL TLNBVD/291-1753
 1 KE 723 F MO 15AUG  ICNKIX HK1  E 0950 1130   CAB F
 2 NH 144 F TH 18AUG  KIXHND HK1 I  0955 1100   DS*TUUZ4Y
 3 KE 724 F SU 21AUG  KIXICN HK1  E 1340 1530   CAB F
FONE-QHO-H PWCT
GEN FAX-OSIKE RSVN NBR IS 291-1753
2.OSIKE 1A-RLOC IS X6GVXO
>.2S
SEG  2    STPVR
>*R
 1.1KIM/SAMSOONMS
QHOKEZC 30JUL TLNBVD/291-1753
 1 KE 723 F MO 15AUG  ICNKIX HK1  E 0950 1130   CAB F
 2 NH 144 F TH 18AUG  KIXHND HK1    0955 1100   DS*TUUZ4Y
 3 KE 724 F SU 21AUG  KIXICN HK1  E 1340 1530   CAB F
FONE-QHO-H PWCT
GEN FAX-OSIKE RSVN NBR IS 291-1753
2.OSIKE 1A-RLOC IS X6GVXO
>
```

▷ I (Ignore) 입력했던 SEG를 다시 복원하려면 : " .2 S "로 해제 가능.

2_5. 여정의 변경 및 취소

● 여정의 변경이나 취소는 언제?

⇨ 예약작성이 완료된 후, 또는 여정작성 중에도 일정이 변경될 수 있는데, 고객의 예약기록(PNR)에 필요한 사항을 변경 또는 취소한다.

● 변경과 취소의 종류는?

○ 변경

*날짜, 예약등급(Class), 항공편만 변경될 경우 : Change of Segment Status Key (.) 이용 ⇨ " . + SEG NBR + / 변경사항 "

* 여정의 삽입 또는 추가 : Insert Key (/) 이용

* 여정의 순서조정 : Insert Key(/)+Segment Key(S)+Seg NBR 이용

○ 취소

* 전체여정취소 : 취소지시어 Cancel의 "X" + 여정 Itinerary의 "I"

* 일부여정취소 : 취소지시어 "X" + Seg NBR 이용

1) 여정의 변경

⇨ 이미 작성된 여정 중 일부사항만 변경될 경우 : DOT(.) Key 이용

◎ 1번 Seg의 날짜를 20SEP로 변경

⇨ 좌석이 가능할 경우 기존 SEG는 취소되고 새로운 SEG로 바로 확약된다.

.1/20SEP

```
NO NAMES
 1 KE   1 W SU 18SEP  ICNNRT HS1  E 1115 1330   CAB Y
 2 KE 704 W SU 25SEP  NRTICN HS1  E 1355 1620   CAB Y
NO DATA
>.1/20SEP
   KE   1 W TU 20SEP  ICNNRT HS1  E 1115 1330   CABIN Y
   ** *RTN CHK-IN APPLICABLE FLT X PLZ INFO*
   **                 /  NRT TEMINAL 1
>*R
NO NAMES
 1 KE   1 W TU 20SEP  ICNNRT HS1  E 1115 1330   CAB Y
 2 KE 704 W SU 25SEP  NRTICN HS1  E 1355 1620   CAB Y
NO DATA
```

◎ 1번 Seg의 Class를 H 로 변경

⇨ 좌석이 불가할 경우, 기존 SEG는 유지되고 해당 예약 가능편이 Display된다.

.1/H

```
Login User : 8555105          Terminal NO : 300529
NO NAMES
 1 KE 701 W TU 20SEP  ICNNRT HS1  E 0915 1130   CAB Y
 2 KE 704 W SU 25SEP  NRTICN HS1  E 1355 1620   CAB Y
NO DATA
>.1/H
KE  701 H UNABLE  0  AVAILABLE
20SEP TUE   0915 ICN - NRT TOKYO.JP                       NTE
 1 ICN NRT 0915 1130  F9 A3 C9 I9 D5 W9 Y9 O9  KE 701*744 0
                      M9 T9 S9 H0 L0 Q0 V0 K0
                      GR U9
 2 ICN NRT 1015 1230  F9 A2 C9 I9 D3 W9 Y9 O9  KE 703*744 0
                      M9 T9 S9 H9 L9 Q3 V3 K3
                      GR U9
```

◎ 2번 Seg의 항공편을 KE002로 변경

.2/KE002

```
Login User : 8555105          Terminal NO : 300529
NO NAMES
 1 KE 701 W TU 20SEP  ICNNRT HS1  E 0915 1130   CAB Y
 2 KE 704 W SU 25SEP  NRTICN HS1  E 1355 1620   CAB Y
NO DATA
>.2/KE002
   KE   2 W SU 25SEP  NRTICN HS1  E 1700 1925   CABIN Y
   ** TOKYO CITY AIR TEMINAL CLOSED FROM 31AUG2001
   ** *RTN CHK-IN APPLICABLE FLT X PLZ INFO*
   ** NRT TERMINAL 1  /
>
```

▷ **기존 SEG의 날짜나 출/도착 시간이 누락된 경우에도 동일한 형식으로 입력한다.**

⇨ 1번 SEG 출/도착 시간 누락 시 : " .1/12001700 "

◎ 대한항공(KE)과 KE 이외 항공사의 응답형태

항공사	좌석이 가능한 경우	좌석이 불가능한 경우
KE 구간인 경우	기존 SEG는 취소되고, 새로운 SEG로 변경 (즉시 확약됨)	기존 SEG는 유지되고, 해당 예약가능편이 Display됨
KE 이외 항공사 구간인 경우	기존 SEG는 취소되고, 새로운 SEG로 변경	기존 SEG는 유지되고, 새로운 SEG가 작성되어 기존 SEG 밑에 삽입됨

2) 여정의 삽입 및 추가

⇨ 여정작성 중 또는 기완료된 예약의 여정이 변경되어,

- 추가로 여정작성이 필요한 경우가 발생된 경우로
- 일련의 SEG NBR 사이에 삽입이 필요한 경우에 이루어지는 작업.

● 지시어

○ Insert 기능 Key " / " + SEG NBR : /2 는 SEG 2번 뒤에 삽입 의미.

: /2, 후 바로 작성된 여정은(가능편 조회 후/직접 작성 모두해당) 번 SEG뒤에 작성이 된다.

/2　Enter :　Availability 조회후 예약 or 직접예약

○ 추가여정을 첫 번째 SEG로 작성할 경우　/0

○ 여정삽입기능의 간소화 지시어 :

- 두 번에 걸쳐 이루어지는 지시어를 연결기능 Key " - "으로 연결하여 한번에 여정삽입을 작성한다.

Availability 조회후, /2-N1K1

/2-0KE002K10SEPLAXNRTNN1

/2-0A : 2번 SEG뒤에 ARNK 입력

◎ 1번 SEG 뒤에, KE001/15SEP TYOLAX 구간 예약

* 첫 번째 방법 : " /1 " Enter " 0KE001W15SEPTYOLAXNN1 "

```
Login User : 8555105          Terminal NO : 300529
>*R
NO NAMES
 1 KE 701 W SA 10SEP  ICNNRT HS1  E 0915 1130   CAB Y
 2 KE   2 W MO 26SEP  LAXICN HS1  E 1145 1925*1 CAB Y
NO DATA

>/1
NEXT FOLLOWS 1
>0KE001W15SEPNRTLAXNN1
   KE   1 W TH 15SEP  NRTLAX HS1  E 1455 0840   CABIN Y
   ** ** 41S1F PCTC CTC NAME/US TEL NBR.RELATION(OPT) ** **
   ** **    INQUIRE PCTC IF US CITIZEN  **
   ** BE SURE TO GIVE THE INFO-INTENSIFIED SECURITY RULES-
   ** NRT TERMINAL 1   /
>*R
NO NAMES
 1 KE 701 W SA 10SEP  ICNNRT HS1  E 0915 1130   CAB Y
 2 KE   1 W TH 15SEP  NRTLAX HS1  E 1455 0840   CAB Y
 3 KE   2 W MO 26SEP  LAXICN HS1  E 1145 1925*1 CAB Y
NO DATA
```

* 두 번째 방법 : " /1 - 0KE001W15SEPTYOLAXNN1 "

```
Login User : 8555105          Terminal NO : 300529
>*R
NO NAMES
 1 KE 701 W SA 10SEP  ICNNRT HS1  E 0915 1130   CAB Y
 2 KE   2 W MO 26SEP  LAXICN HS1  E 1145 1925*1 CAB Y
NO DATA
>/1-0KE001W15SEPTYOLAXNN1
   KE   1 W TH 15SEP  NRTLAX HS1  E 1455 0840   CABIN Y
   ** ** 41S1F PCTC CTC NAME/US TEL NBR.RELATION(OPT) ** **
   ** **    INQUIRE PCTC IF US CITIZEN  **
   ** BE SURE TO GIVE THE INFO-INTENSIFIED SECURITY RULES-
INVALID AIRPORT CODE - SYSTEM CODE USED
   ** NRT TERMINAL 1   /
>*R
NO NAMES
 1 KE 701 W SA 10SEP  ICNNRT HS1  E 0915 1130   CAB Y
 2 KE   1 W TH 15SEP  NRTLAX HS1  E 1455 0840   CAB Y
 3 KE   2 W MO 26SEP  LAXICN HS1  E 1145 1925*1 CAB Y
NO DATA
```

▷ 첫 번째, 두 번째 모두 동일한 결과가 생성된다.

3) 여정의 취소

⇨ 출장 또는 여행계획이 취소될 경우, 전체여정의 취소

⇨ 여정 중 일부만 변경되어 일부여정만 취소해야 할 경우

⇨ 지시어 : 취소기능 Key인 Cancel의 " X " 로 시작

◎ 전체여정의 취소 : X + I (Itinerary)

XI

```
Login User : 8555105          Terminal NO : 300529
>*R
NO NAMES
 1 KE 701 W SA 10SEP  ICNNRT HS1  E 0915 1130   CAB Y
 2 KE   1 W TH 15SEP  NRTLAX HS1  E 1455 0840   CAB Y
 3 KE   2 W MO 26SEP  LAXICN HS1  E 1145 1925*1 CAB Y
NO DATA
>XI
ITIN CNLD
>*R
NO NAMES
NO ITIN
NO DATA
>
```

◎ 일부여정의 취소 : X + 취소할 SEG NBR

X2

```
Login User : 8555105          Terminal NO : 300529
>*R
NO NAMES
 1 KE 603 W SA 10SEP  ICNHKG HS1  E 0855 1130   CAB Y
 2 CX 703 Y WE 14SEP  HKGBKK HS1    1710 1850   DS
 3 KE 654 W FR 16SEP  BKKICN HS1  E 0120 0840   CAB Y
NO DATA
>X2
NEXT REPLACES  2
>*R
NO NAMES
 1 KE 603 W SA 10SEP  ICNHKG HS1  E 0855 1130   CAB Y
 2 KE 654 W FR 16SEP  BKKICN HS1  E 0120 0840   CAB Y
NO DATA
```

◎ 일부여정의 취소 후, 곧바로 (*R로 정리하지 않은 상태) 여정을 작성하면, 취소된 여정의 SEG에 새로운 예약이 생성된다.

X2⇨ Direct 예약 or 가능편 조회 후 예약

```
Login User : 8555105          Terminal NO : 300529
>*R
NO NAMES
 1 KE 603 W SA 10SEP  ICNHKG HS1  E 0855 1130   CAB Y
 2 KE 608 W TH 15SEP  HKGICN HS1  E 0025 0445   CAB Y
 3 KE 654 W FR 16SEP  BKKICN HS1  E 0120 0840   CAB Y
NO DATA
>X2
NEXT REPLACES  2
>0CX703Y14SEPHKGBKKNN1
   CX 703 Y WE 14SEP  HKGBKK HS1    1710 1850 DS
** CX SYSTEM **
* ARR BKK TERMINAL 2 *
* WEIGHT LIMITED TO 32KGS PER BAG FOR SAFETY REASON *
>*R
NO NAMES
 1 KE 603 W SA 10SEP  ICNHKG HS1  E 0855 1130   CAB Y
 2 CX 703 Y WE 14SEP  HKGBKK HS1    1710 1850   DS
 3 KE 654 W FR 16SEP  BKKICN HS1  E 0120 0840   CAB Y
NO DATA
```

◎ 여정취소의 기타 방법 : 여정 중 2개 이상의 여정취소시,

- **연속적인 SEG NBR 취소** : SEG NBR간을 – 으로 연결
  - 여정 중 2번에서 4번 " XI 2-4 "로 취소
- **선별적으로 취소 : 구분선 기능** Key인 / 로 SEG NBR간 구분
  - 여정 중 2번과 5번 " XI 2/5 "로 취소
- **여정 중 한 SEG만 제외하고 취소** : Except 의미의 X로 제외
  - 여정 중 3번만 제외 " XI X3 "로 취소
- **기 타 : .2XK(2번 SEG 취소)**
  - KE 구간취소역할에는 차이 없으나, 그 외 항공사의 경우 XK는 취소전문이 해당항공사로 전달되지 않고 TOPAS에서만 취소.

4) 여정의 순서조정

⇨ 여정을 작성하는 데 구간의 연속성과 시간의 연속성을 맞추는 일은 매우 중요하다. 하지만 예약작성 중 때에 따라서는 순서가 맞지 않을 경우가 있으므로, 이 때 여정의 순서를 조정해 주어야 한다.

● 지시어 : " 삽입 지시어 /2 + S (SEG) + SEG NBR "

/1S3

: SEG 3번의 HKGBKK 구간을, 1번 SEG인 SELHKG 구간 다음에 오도록 순서를 조정하는 지시어.

Login User : 8555105 Terminal NO : 300529

```
>*R
NO NAMES
 1 KE 603 W SA 10SEP  ICNHKG HS1  E 0855 1130   CAB Y
 2 KE 654 W FR 16SEP  BKKICN HS1  E 0120 0840   CAB Y
 3 TG 631 C TH 15SEP  HKGBKK SS1    1120 1300   LR
NO DATA
>/1S3
 1 KE 603 W SA 10SEP  ICNHKG HS1  E 0855 1130   CAB Y
 2 TG 631 C TH 15SEP  HKGBKK SS1    1120 1300   LR
 3 KE 654 W FR 16SEP  BKKICN HS1  E 0120 0840   CAB Y
>
```

☐ ABACUS

Availability 조회 후 좌석요청	02Y1 또는 N2Y1
Class가 같은 연결편 좌석요청	02Y1*
Class가 다른 연결편 좌석요청	02Y1M2
대기자 좌석요청	02Y2LL
발권용 여정작성	02B1GK 또는 02B1QK
직접 좌석요청(공항코드 입력)	0OZ111B20SEPICNTYONN1
대기자 좌석요청(공항코드 입력)	0OZ111B20SEPSELTYOLL1
발권용 여정 직접예약	0OZ112B25SEPTYOSELGK1(QK1)
OPEN여정 직접예약(날짜생략 가능)	0OZOPENY20SEPTYOSELDS1(QQ1) 또는 0OZ0B20SEPTYOSELDS1(QQ1)
비항공운송구간(ARUNK) 입력	0A
특정여정 뒤에 ARNK 입력	/1A
2번 여정 뒤에 1번 여정순서조정	/2/1
2번 여정취소	X2
연속적인 여정취소	X1-3
비연속적인 복수여정취소	X1/3
전체여정취소	XI
PNR 저장(End of Transaction)	E
PNR 저장 후 재조회	ER 또는 E*R
Ignore	I
Ignore 후 재조회	IR 또는 I*R
예약 Status Code Up-date 저장 후 재조회	EWR

5. FACT Field의 작성

FACT field에는 어떤 내용이?

※ 여행에 필요한 승객의 제반요구사항 또는 승객에 대한 정보를 입력한다.

▶ 승객의 요구사항

-승객이 Special Meal(Begetarian Meal, 종교음식, 병력에 따른 음식 등)을 신청
-Wheel Chair 서비스 신청
-Baby Meal, 유아를 위한 아기 바구니(Bassinet) 신청 등…

▶ 승객에 대한 정보

-VIP(한국의 대사, 정부의 고위관리, 대기업회장단 등) 정보
-소아/유아의 나이, 인원에 대한 정보
-여정에 관련된 항공사 중 하나가 FLT의 스케줄 변경통보 등…

FACT field의 용도는?

※ PNR 작성에 필요한 3대 필수요소(이름, 여정, 연락처)가 항공권 발권과 운송서비스에 꼭 필요한 사항이라면,

▶ FACT Field는→항공사의 운송서비스와 직결된다.

-FACT Field의 정보에 의해 운송항공사는 서비스 제공준비를 한다.

▶ FACT Field 작성에는 정해진 용어(Keyword)를 사용한다.

-Keyword : IATA에서는 승객이 항공사에 요청하는 사항을 분류하고, 이를 정해진 Code로 만들어 입력형태를 표준화해 놓고 있으며 이를 Keyword라 부른다.

-Keyword는 주로 4자 또는 3자로 구성되어 있으며, 정확한 용어 및 형식(Format)을 사용하여야 연결된 항공사에서도 동일한 서비스 제공을 준비할 수 있다.

FACT의 구분은?

*** 관련 항공사의 응답 여부에 따른 구분**

■ SSR(Special Service Requirement)

-승객의 요구사항이 각각의 항공사에게 준비를 필요로 하는 것으로 예약항공사는 이를 PNR에 반영하고 각각의 항공사들로부터 응답을 받아야함. ≫**주로, 승객의 요구사항**

■ OSI(Other Service Information)

-승객에 관련된 information이 성격상 단순히 여정에 관련된 항공사들에게 정보의 전달만을 필요로 하고 응답이 필요없는 경우 이를 OSI 사항으로 입력한다.
≫**주로, 승객의 요구사항**

•공항(DCS)으로 이관여부에 따른 구분

■ AIRPORT FACT(4번 Field))

-Fact 중 후에 공항에서도 알아야 연계 서비스가 이루어질 수 있는 내용은 AIRPORT FACT 로 입력되어 DCS 로 자동 이관된다.

■ GENERAL FACT(3번 Field)

-FACT 중 예약 Handling 시에만 필요하고 **DCS 로 이관될 필요가 없는 내용**

 # DCS(Departure Control System)

-공항에서 승객의 탑승 수속/ 탑재관리를 위하여 사용하는 전산 시스템의 명칭

5_1. FACT Field 의 입력

⇨ 지시어 : 3F or 4F + Keyword ☞ Ex) 4F VGML or 3F VGML

● **Keyword (예)**

Keyword	Meaning (의미)	SSR/OSI	Free Text
BSCT	BASSINET, CARRYCOT, BABY BASKET	SSR	Not Permit
NSST	NO SMOKING SEAT	SSR	Optional
VGML	VEGETARIAN MEAL	SSR	Not Permit
SPML	SPECIAL MEAL	SSR	Mandatory

◎ Free Text : Keyword외의 추가자료(Additional Data) 필요여부 의미.

○ Not Permit : Keyword 외의 추가 Data 입력불가.
Ex) 채식음식 신청하는 VGML만 입력.

○ Optional : 추가 Data 입력 가능, 필요시에만 선택적으로 입력
Ex) 금연석인 NSST과 함께 창가/통로 등 추가 입력가능.

○ Mandatory : 추가 Data 입력 필수.
Ex) 특별음식 요청 SPML 경우, 음식 종류 입력 필수.

Keyword Table

Keyword	Meaning	SSR/OSI	Free Text
ADTK	ADVISE IF TICKETED		Mandatory
AUTK	ADVISE IF TICKETED		Optional
AVIH	ANIMAL IN HOLD	SSR	Mandatory
AVML	ASIAN/HINDU/INDIAN VEG MEAL	SSR	Not Permit
BBML	INFANT/BABY FOOD	SSR	Not Permit
BIKE	BICYCLE	SSR	Optional
BLML	BLAND MEAL	SSR	Not Permit
BLND	BLIND PSGR	SSR	Not Permit
BSCT	BASSINET/CARRYCOT/BABY BASKET	SSR	Not Permit
BULK	BULKY BAGGAGE	SSR	Mandatory
CBBG	CABIN BAGGAGE	SSR	Mandatory
CHD	CHILD		Optional
CHIX	CHICKEN MEAL (KE ONLY)	SSR	Not Permit
CHML	CHILD MEAL	SSR	Optional
CIP	COMMERCIAL IMPORTANT PSGR (KE ONLY)		Mandatory
CKIN	PROVIDE INFO FOR APO STF	SSR	Mandatory
CLID	CLIENT IDENTIFICATION	SSR	Mandatory
COUR	COMMERCIAL COURIER	SSR	Optional
CRUZ	CRUISE PASSENGER	SSR	Optional
CTC	CONTACT		Mandatory
DBML	DIABETIC MEAL		Not Permit
DEAF	DEAF PSGR		Optional
DEPA	DEPORTEE-ACCOMPANIED BY AN ESCORT		Optional
DEPU	DEPORTEE-UNACCOMPANIED		Optional
DIPL	DIPLOMATIC COURIER		Optional
EXST	EXTRA SEAT		Mandatory
EXC	EXTRA CREW		Mandatory
FAX	FACSIMILE (KE ONLY)		Mandatory
FIM	FIM ISSUED PSGR (KE ONLY)		Mandatory
FMLY	FAMILY SERVICE (KE ONLY)		Mandatory
FPML	FRUIT PLATTER MEAL		Not Permit

Keyword	Meaning	SSR/OSI	Free Text
FQTV	FRQNT TRVLLR MILEAGE PROGRAM		Mandatory
FRAG	FRAGILE BAGGAGE		Mandatory
FRAV	FIRST AVAILABLE		Mandatory
GFML	GLUTEN FREE MEAL		Not Permit
GPST	GROUP SEAT RQST		Mandatory
GRPF	GROUP FARE DATA		Mandatory
GRPS	PSGR TRAVELLING TOGETHER		Mandatory
GTR	GOVERNMENT TRVL RQST(KE ONLY)		Mandatory
HFML	HIGH FIBER MEAL		Not Permit
HNML	HINDU (NON VEGETARIAN) MEAL		Not Permit
INF	INFANT		Optional
KIP	KOREAN AIR IMPORTANT PERSON (KE ONLY)		Mandatory
KSML	KOSHER MEAL		Not Permit
LANG	SPECIFY LANGUAGE SPOKEN		Mandatory
LCML	LOW CALORIE MEAL		Not Permit
LFML	LOW CHOLESTEROL/LOW FAT MEAL		Not Permit
LPML	LOW PROTEIN MEAL		Not Permit
LSML	LOW SODIUM/NO SALT ADDED MEAL		Not Permit
MEDA	MEDICAL CASE		Optional
MOML	MOSLEM MEAL		Not Permit
NAME	NAME CHANGE		Mandatory
NBML	NO BEEF MEAL (KE ONLY)		Not Permit
NLML	NON-LACTOSE MEAL		Not Permit
NRC	NO RECORD (KE ONLY)		Mandatory
NSSA	NO SMOKING AISLE SEAT		Not Permit
NSSB	NO SMOKING BULKHEAD SEAT		Not Permit
NSST	NO SMOKING SEAT		Optional
NSSW	NO SMOKING WINDOW SEAT		Not Permit
ORML	ORIENTAL MEAL		Not Permit

Keyword	Meaning	SSR/OSI	Free Text
OTHS	REQUIRES ACTION		Mandatory
PCTC	PSGR PROVIDED CONTACT FOR		Mandatory
PETC	ANIMAL IN CABIN		Mandatory
PRML	LOW PURIN MEAL		Not Permit
PSPT	PASSPORT INFORMATION		Mandatory
RQST	SEAT REQUEST		Mandatory
RLOC	RECORD LOCATOR		Mandatory
RVML	RAW VEGETARIAN MEAL		Not Permit
SEAT	PRERESERVED SEAT RQST		Mandatory
SEMN	SHIP/S CREW		Mandatory
SFML	SEA FOOD MEAL		Not Permit
SKYT	SKYTEAM INFORMATION		Optional
SLPR	BERTH/BED IN CABIN		Not Permit
SMSA	SMOKING AISLE SEAT		Not Permit
SMSB	SMOKING BULKHEAD SEAT		Not Permit
MST	SMOKING SEAT		Optional
SMSW	SMOKING WINDOW SEAT		Not Permit
SPEQ	SPORTS EQUIPMENT		Mandatory
SPMB	BIRTHDAY CAKE (KE ONLY)		Not Permit
SPMH	HONEYMOON CAKE (KE ONLY)		Not Permit
SPML	SPECIAL MEAL		Mandatory
SPON	SPECIAL PSGR (KE ONLY)		Mandatory
STCR	STRETCHER PSGR		Not Permit
STF	STAFF (KE ONLY)		Optional
TCP	THE COMPLETE PARTY IS		Mandatory
TKNA	TKT NBR FOR AUTO GENERATED TKT-SYS GENERATES ONLY		
TKNM	MANUAL ENTERED TKT NBR-SYSTEM GENERATES ONLY		
TKAU	TICKET ACCEPT AUTH (KE ONLY)		Mandatory
TKTL	TICKETING TIME LIMIT		Mandatory
TWOV	TRANSIT/TRANSFER WITHOUT VISA		Optional

Keyword	Meaning	SSR/OSI	Free Text
UMNR	UNACCOMPANIED MINOR		Mandatory
UPGD	UPGRADE (KE ONLY)		Mandatory
VGML	VEGETARIAN MEAL		Not Permit
VIP	VERY IMPORTANT PSGR		Mandatory
VLML	LACTO-OVO VEGETARIAN MEAL		Not Permit
WCHC	WHEEL CHAIR-CABIN SEAT		Optional
WCHR	WHEEL CHAIR-RAMP		Optional
WCHS	WHEEL CHAIR-STEPS		Optional
WCMP	WHEEL CHAIR MANUAL POWER		Optional
WCOB	ON-BOARD WHEELCHAIR		Optional
XBAG	EXCESS BAGGAGE		Mandatory

※ Note1

▶사용된 Keyword에 따라, System에서 자동적으로 SSR, OSI를 구분해주며 General FACT, Airport FACT도 구분해준다.

→따라서 FACT Field 작성시 3F 또는 4F를 구별하지 않아도 무방하다.
즉, 3은 General FACTS Field이고, 4는 Airport FACTS Field이나 시스템이 자동으로 분류해 준다.

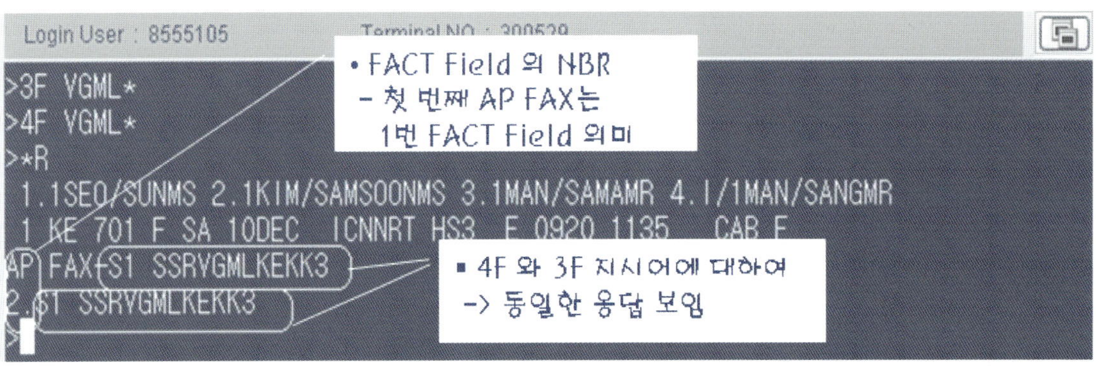

▷ VGML 요청 ⇨ 3F VGML과 4F VGML로 요청하여도
동일하게 SSR로 **분류되어 입력**된다.

▷ 승객 Relation하지 않을 경우 ⇨ 전체 승객 3명 모두에게 요청됨
⇨ AP FACT 결과에 "KK3"로 표시.

※ Note2

▶ 예약에 포함된 승객 중, 일부 승객에게만 FACT Field를 요청할 경우

→ 해당 고객만 연결하여(Relation) 요청할 수 있다. 연결한 인원 수 만큼 요청된다.

ex) 승객 중 2번 고객에게만 VGML을 요청할 때 : **4 2 F VGML**

▶ 예약에 포함된 여정 중, 일부구간만 신청할 경우

→해당구간을 Relation 하여 요청한다.

ex) 2번 고객에게, 여정 중 3번째 SEG에만 요청하는 경우 : **4 2 S3 F VGML** (2번째 고객 / 3번째 SEG)

※ 승객이나, 여정 Relation을 하지 않고 요청할 경우

→ 전 승객, 전 여정에 요청된다.

◎ 승객 Relation

```
Login User : 8555105          Terminal NO : 300529
 1.1SEO/SUNMS 2.1KIM/SAMSOONMS 3.1MAN/SAMAMR 4.I/1MAN/SANGMR
 1 KE 701 F SA 10DEC  ICNNRT HS3  E 0920 1135   CAB F
 2 KE 704 F TU 20DEC  NRTICN HS3  E 1355 1635   CAB F
NO DATA
>41F VGML*
>*R
 1.1SEO/SUNMS 2.1KIM/SAMSOONMS 3.1MAN/SAMAMR 4.I/1MAN/SANGMR
 1 KE 701 F SA 10DEC  ICNNRT HS3  E 0920 1135   CAB F
 2 KE 704 F TU 20DEC  NRTICN HS3  E 1355 1635   CAB F
AP FAX-1 S1 SSRVGMLKEKK1
2.1 S2 SSRVGMLKEKK1
>
```

▷ 41F VGML : 1번 승객에게만 VGML 요청

⇨ AP FACT 1번에는, 1번 고객 / SEG 1에 요청되고,

AP FACT 2번에는, 1번 고객 / SEG 2에 요청되었다.

▷ SEG를 Relation하지 않을 경우 ⇨ 전 여정에 요청됨.

◎ 일부승객과 여정 중 일부구간 Relation

```
Login User : 8555105            Terminal NO : 300529
>42S1F VGML*
>*R
 1.1SEO/SUNMS 2.1KIM/SAMSOONMS 3.1MAN/SAMAMR 4.I/1MAN/SANGMR
 1 KE 701 F SA 10DEC  ICNNRT HS3  E 0920 1135   CAB F
 2 KE 704 F TU 20DEC  NRTICN HS3  E 1355 1635   CAB F
AP FAX-2 S1 SSRVGMLKEKK1
>
```

▷ 4 **2 S1** F VGML : **2 S1** – 2번 고객의 1번 SEG에만 VGML 요청

⇨ AP FAX 1번 : 2번 고객, S1 SEG1에 VGML 요청됨.

```
Login User : 8555105            Terminal NO : 300529
>41/3S2F VGML*
>*R
 1.1SEO/SUNMS 2.1KIM/SAMSOONMS 3.1MAN/SAMAMR 4.I/1MAN/SANGMR
 1 KE 701 F SA 10DEC  ICNNRT HS3  E 0920 1135   CAB F
 2 KE 704 F TU 20DEC  NRTICN HS3  E 1355 1635   CAB F
AP FAX-1/3 S2 SSRVGMLKEKK2
>
```

▷ 4 **1/3 S2** F VGML : **1/3**은 1번과 3번 고객, S2는 SEG2에 VGML 요청

※ Note 3

▶ 유아(Infant)가 포함된 경우, 필요한 요청사항은?

· 유아의 나이 정보입력이 필요하나, 유아는 좌석을 점유하지 않아 승객과 Realtion할 수 없으므로 동반하는 성인과 연결하여 작성한다.
→ 41F INFT 23SEP08-12

· 아기바구니(Bassinet/BSCT) 요청시에는→동반성인승객과 Relation한다

※유사한 Keyword : BBML/AVIH/PETC/EXST 등

◎ 유아 나이 입력 ⇨ 승객 Relation 불가

```
Login User            Terminal NO : 511124
>*R
 1.1PARK/JISUNGMR 2.I/1PARK/AGIMSTR
 1 KE  17 K SU 10SEP  ICNLAX HS1  E 1500 1000   CAB Y
FONE-QSM-H P
>42F 1INF 12MONS
INV PAX NBR
42F 1INF 12MONS

>41F 1INF 12MONS-I2*
>*R
 1.1PARK/JISUNGMR 2.I/1PARK/AGIMSTR
 1 KE  17 K SU 10SEP  ICNLAX HS1  E 1500 1000   CAB Y
FONE-QSM-H P
AP FAX-1 OSIYY 1INF 12MONS PARK/AGIMSTR
>
```

INF가 2번 승객이므로, 2번에 Relation하여 입력.
-> INF는 연결시킬 수 없다는 응답이 나옴.

따라서 동반하는 성인에게 연결하여 INF가 동반됨을 입력하되, INF 승객번호를 연결선 - 과 함께 표기한다.

◎ 유아 아기바구니 ⇨ 동반하는 성인에게 Relation하여 입력 필요.

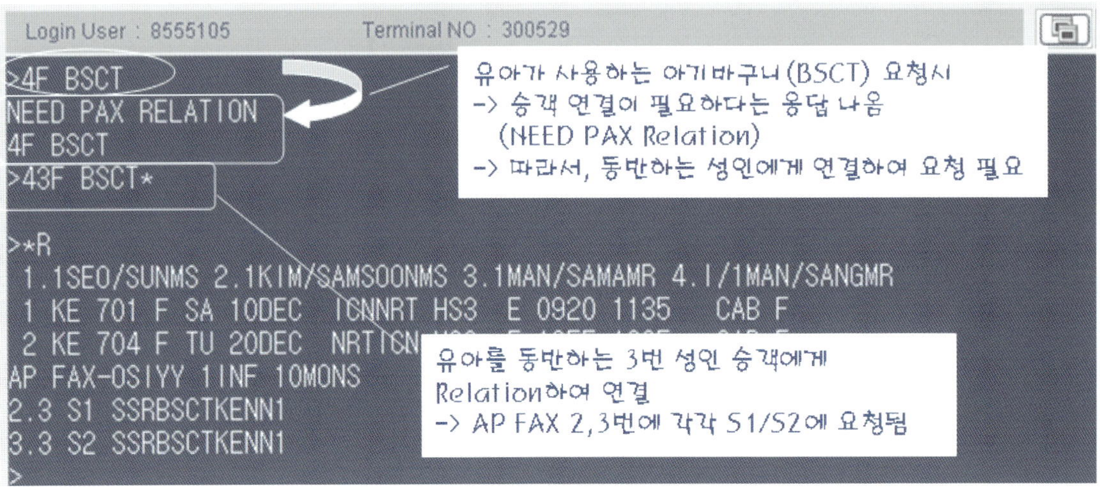

◎ Free Text 가 Mandatory(Additional Data-추가 Data 필요)인 경우

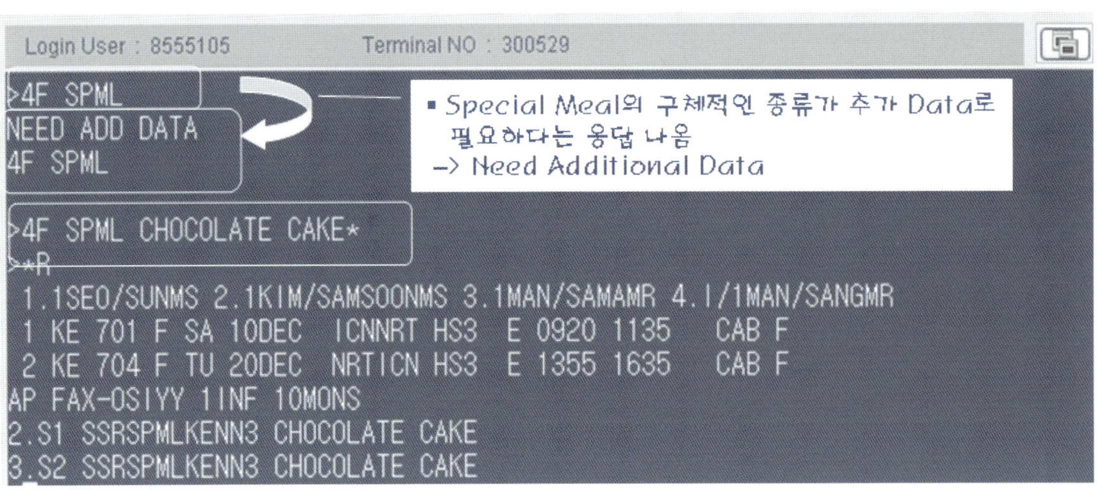

◎ 기 타 : Keyword가 없는(잘못 입력된) 경우, 추가 Data 필요없는 경우

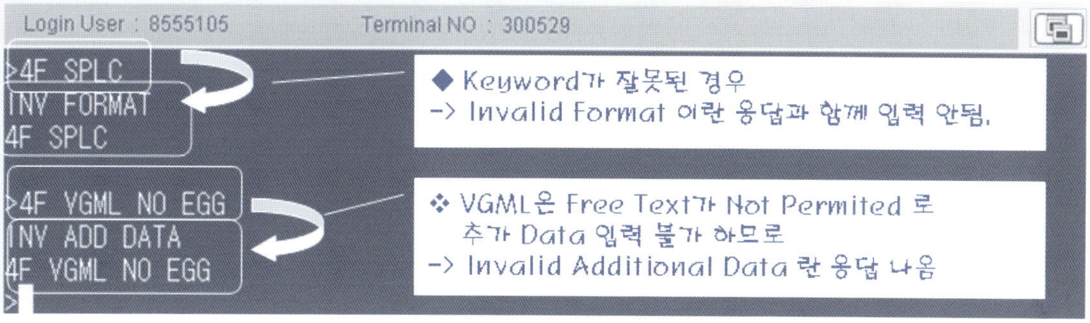

5_2. FACT Field의 수정 및 삭제

⇨ FACT Field 기능키" 4 +AP FAX Field 일련의 NBR + 삭제기능키 @"

삭제

- **41@ : AP FAX의 1번 사항 삭제**
- **41-3@ : 1번~3번 까지 삭제**
- **43@후 41@ 또는 43@:41@: 1번과 3번 삭제→단, 뒷번호부터 삭제한다.**

수정

- **41@ F 1NF 7MONS : AP FAX의 1번째 사항의 내용을 7개월로 변경(수정)**

5_3. 기타 : 오류발생

⇨ 오류(Error Response)로 인해 **SSR/OSI가 ZZR/ZZI로 변경**될 경우 PNR 완료(E - End of Transaction)가 되지 않는다.

◎ 동일 Keyword가 중복되어 요청되었을 때

⇨ 하나 삭제 후 다시 EOT(E Enter)

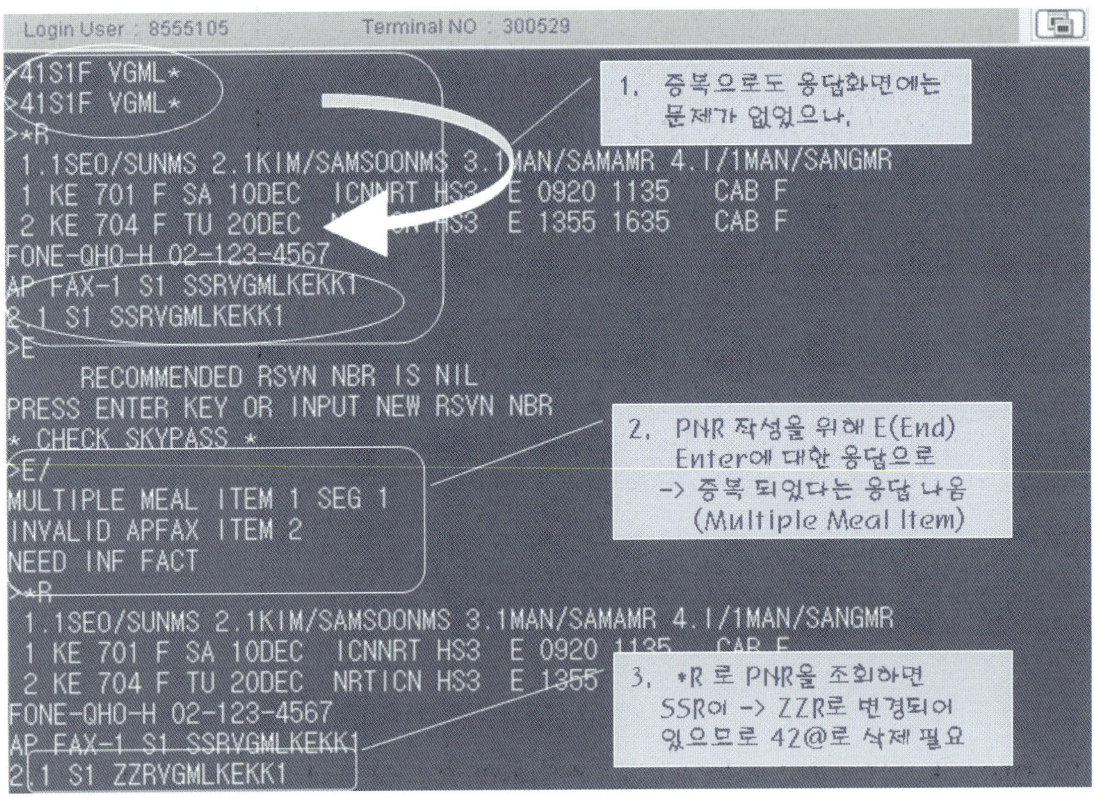

◎ 유/소아 동반성인에게 BBML과 성인을 위한 VGML 등이 함께 신청되어 있을 때

⇨ Keyword "SPML" 활용, 추가 Data형식으로 두 가지를 한번에 요청해야지만 공항/기내에서 서비스가 제공될 수 있다.

"4F SPML VEGETARIAN MEAL AND BABY MEAL"

◎ 예약기록 중, 여정 또는 고객의 명단변경으로 인하여 발생

⇨ 승객 Relation 또는 여정/구간 Relation을 조정하여 변경/수정입력

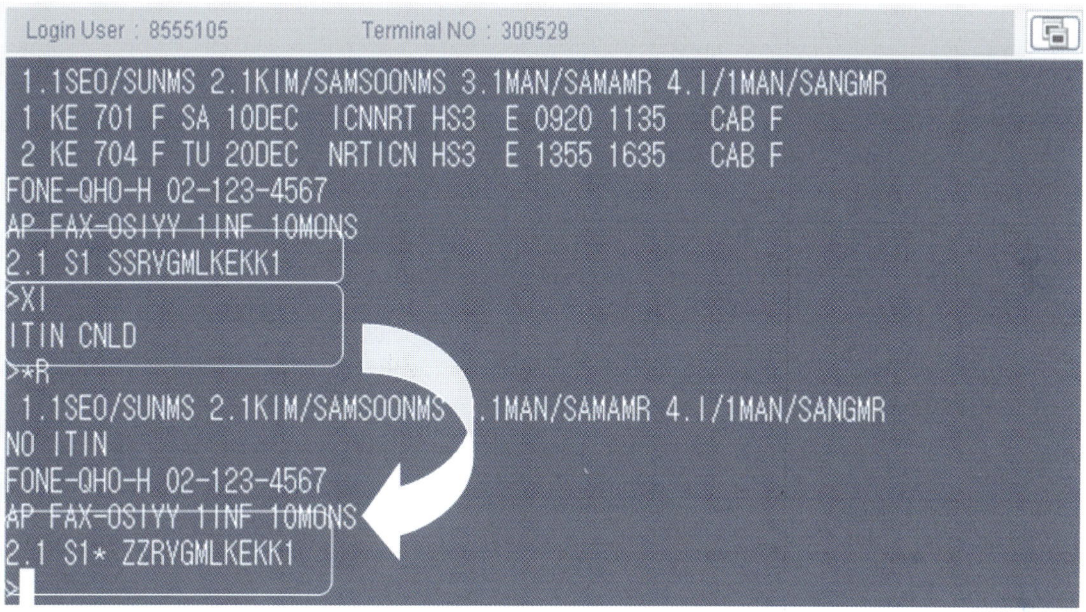

```
Login User : 8555105          Terminal NO : 300529
 1.1SEO/SUNMS 2.1KIM/SAMSOONMS 3.1MAN/SAMAMR 4.I/1MAN/SANGMR
 1 KE 701 F SA 10DEC  ICNNRT HS3  E 0920 1135   CAB F
 2 KE 704 F TU 20DEC  NRTICN HS3  E 1355 1635   CAB F
FONE-QHO-H 02-123-4567
AP FAX-OSIYY 1INF 10MONS
2.1 S1 SSRVGMLKEKK1
>XI
ITIN CNLD
>*R
 1.1SEO/SUNMS 2.1KIM/SAMSOONMS 3.1MAN/SAMAMR 4.I/1MAN/SANGMR
NO ITIN
FONE-QHO-H 02-123-4567
AP FAX-OSIYY 1INF 10MONS
2.1 S1* ZZRVGMLKEKK1
>
```

▷ 첫 번째 고객의 SEG1에 VGML이 요청되어 있었으나,

⇨ 여정취소(XI) 후, 다시 Display(*R)하자

⇨ ZZR로 변경되어 있음

따라서 42@ 후 E(OT)하여야만 작업을 종료할 수 있음.

□ ABACUS

OSI (일반적인 정보사항)	
승객의 현지 연락처 입력	3OSI OZ LCTC LAX 222-3333 HYUN/B
사전입국 심사 정보 입력 (PSPT 가입 항공사 이외)	3OSI QF PSPT SC0123045/KR/ 27NOV86-1.1
사전입국 심사 정보 입력 (PSPT 가입 항공사)	3PSPT1/SC01230345/KR20NOV87/AHN /SUNGKIMR/M-2.1
VIP/CIP 정보 입력	3OSI OZ CIP CHAIRMAN OF INDUK GROUP-1.1
입력된 OSI Field 조회	*P3
2번째 서비스 입력사항 삭제	32@
SSR (특별 서비스 요청)	
첫 번째 구간 1번 승객의 야채식 요청	3VGML1-1.1
모든 구간에 1번 승객의 당뇨식 요청	3DBML(A)-1.1
두 번째 구간 1번 승객의 아기바구니 요청 ※ 유아와 관련된 서비스 사항 (BSCT, BBML, PSPT 등)은 동반보호자 번호로 요청	3BSCT2-1.1
복수 여정/ 복수 승객 요청	3VGML1$3-1.1$2.1
SSR 입역사항 삭제	32@
입력된 SSR Field 조회	*P3
비동반 소아(10살) 입력	3UMNR1/UM10-1.1
특정항공사 제공 서비스 요청(FMLY SVC) ※ SVC 신청시 TEXT입력이 필요한 사항들 (UMNR/PSPT/PETC/SPML/OTHS/CBBG..)	3OTHS1/FMLY CARE SVC ELDERLY PSGR-2.1

6. REMARKS Field 작성

Remark Field의 용도

▶ 항공사 직원 상호간 또는 여행사/항공사 직원간에 업무연락을 위한 Message 전달시 사용→ Free Format이며, 쪽지 편지 역할

▶ 예약 재확인이나 승객에게 필요한 Information전달시 기재

▶ 기타 해당 PNR에 관련된 제반내용을 수록하여 PNR을 처리하는 직원들이 참조할 수 있도록 한다.

Remark Field의 종류 및 입력방법

▶ Signed Remark : Remark의 내용 뿐 아니라 Remark를 입력한 직원의 SINE/DUTY CODE/작업일시를 시스템이 자동적으로 입력해준다.

→ 지시어 : 5**RECONFIRM BY PAX(5+**<ASTA 2개> + Free Format)

주로 예약 재확인시에 많이 활용함.

▶ Unsigned Remark : Remark의 내용만 유지된다.

→ 지시어 : 5*PAX 지 DEF TRVL (5+*<ASTA 1개>+Free Format)

주로 업무연락(요청사항/조치사항 등)용 쪽지 편지로 활용함.

▶ 응답화면

```
Login User : 8555105          Terminal NO : 300529
>5**RECONFIRM BY PAX*
>*R
NO NAMES
NO ITIN
RMKS- RECONFIRM BY PAX QHOZCPD1821L/11AUG
>
>5*PAX WL DEF TRVL*
>*R
NO NAMES
NO ITIN
RMKS- PAX WL DEF TRVL
>
```

◎ Remark Field의 변경 및 삭제

```
Login User : 8555105          Terminal NO : 300529
>*R
NO NAMES
NO ITIN
RMKS- PAX WL DEF TRVL
2. PLS DONT CNXL
3. PAX WL CALL AGAIN ON 10NOV
>
```

▷ 현재 Remark Field는 1번에서 3번까지 입력되어 있다.

1 번 Remark 삭제	51@
1 번~2번 Remark 삭제	51-2@
2 번 Remark 변경	52@ * TKTD BY PAX
1 번 Remark 다음에 삽입	5/1*PAX MAY CHNG RSVN

□ ABACUS

Remarks (비고사항) 입력	5 PAX DFNTLY TRVL
여정표 및 Invoice에 인쇄	5/Passenger Address
2번째 입력된 Remarks 삭제	52@
Remarks Field 조회	*P5

7. Received Field의 작성

용도

▶ 예약변경작업시, 해당작업을 요청한 사람의 이름을 근거로써 기재하는 난이다.

▶ 또한 비행편의 스케줄 변경 등 중요한 정보를 승객에게 제공하였을 경우에도 해당 정보를 전달 받은 사람의 이름을 기재한다.

▶ Received(RCVD) Field는 PNR의 변경내역 부분에 남아 차후 승객 Handling 상의 문제가 발생했을 경우에 참조한다.

※ RCVD Field는 Optional Field이나,
→ 많은 예약을 취급하는 담당직원은 모든걸 기억할 수 없으므로 여정 변경, 취소 등의 중요한 사항은 반드시 입력하는 습관이 필요하다.

◎ 지시어 : "6 + 요청승객 이름"

예약된 승객 본인인 경우	6PSGR(Passenger 약자)
요청한 승객의 이름 입력	6 AH/MOOGAE
여행사 직원일 경우	6YKIM/HJS(HJS:여행사코드)
잘못 입력된 내용 삭제	6@
요청자 변경할 경우	6@ HONG/KILSOON

□ ABACUS

예약 의뢰자 이름 및 연락처 입력	602-111-2222 MS LEE
예약 의뢰자가 승객인 경우	6P 또는 6PAX
6번 Field 조회	*P6

8. Ticket Field의 작성

용도

▶ 항공권의 번호 입력
-수기항공권(Manual Ticket)을 발권하는 경우
또는 항공권 소지 승객이 예약시 소지 항공권의 번호 입력

※항공권 번호 : 항공사 번호(KE 경우, 180)와 10자리의 TKT NBR,한 자리의 Check Digit 총 14자로 구성

▶최근에는 대부분 전산항공권(Auto Ticket), 또는 전자항공권(E-TKT) 주로 발행하며
→ 항공권 발행시, 자동으로 항공권 번호가 TKT Field에 입력된다.

◎ 항공권 번호입력지시어 : 70* 18011111111110

PNR에 1명 예약되어 있는 경우	70*18012345678981
PNR에 2번 승객의 TKT NBR	720*18012345678981
1번 TKT Field 삭제	71@
4번 2번 TKT Field 삭제	74@:72@

□ ABACUS

발권 예정일 입력	7TAW10NOV/
발권 예정일이 당일인 경우	7TAW/
항공권 번호 입력 - 승객 한명인 경우 - Conjunction Ticket 번호(승객 한명) - 특정승객 지정	 7T-TK9881234567890 7T-TK9881234567890-1 7T-TK9881234567890-92#N3

9. TL Field

용도

▶ 항공권의 구입시한 의미

- 예약기록에 대한 확인이나 기타 조치를 위하여 일정한 시점을 설정하여 PNR에 기록하여 놓으면 설정된 시점에 통보됨.

- 명단이 미확보된 단체승객의 예약시, 승객명단이변시한을 정할 경우

※ KE : 국내선, 국제선 PNR 작성완료(EOT)시 자동설정되며 기한 내에 항공권 구입여부가 TKT Field(7)란에 없으면 자동으로 취소되므로 반드시 승객에게 안내되어야 한다.

기능	입력
출발 60분 전으로 시한 설정	8 TL60
특정 일자, 특정 시한 지정	81200/15NOV
TL Field 삭제	8@
자동으로 설정된 TL 삭제	특정 SINE으로 만 가능

◎ PNR 작성완료시 - TL 자동설정

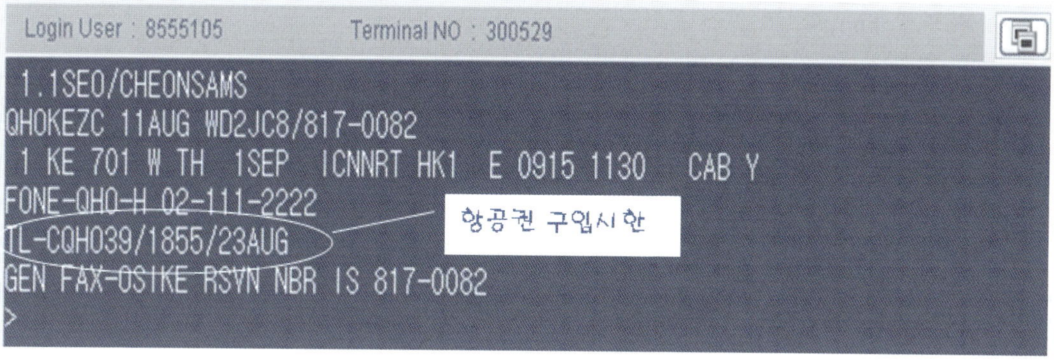

10. FFP(SKYPASS)를 이용한 예약작성

10_1. SKYPASS 조회

◎ SKYPASS 번호를 이용한 조회

R*BK1234567

```
Login User :                    Terminal N
>R*BK2091377
SKYPASS BK2091377  TB/T              QFT   28NOV189/02JAN206
NAME SEO/SUN MS                      NAMH 서선
EFFE 28NOV189            BRTH 19861127
-- MORE ITEMS NOT ALLOWED FOR THIS OFFICE --
```

등록 접소 / 등록일 / 갱신일

TB:일반회원 / MC : Morning Calm 회원

회원 TYPE(T: 일반, S: 학생, A: 국회의원)

◎ 주민등록번호를 이용한 조회

R*860511-2220000 또는 **RLB*8605112220000**

```
Login User                      Terminal NO : 511124
>R*861127-1225127
SKYPASS BK2091377  TB/T              QFT   28NOV189/02JAN206
NAME SEO/SUN MS                      NAMH 서선
EFFE 28NOV189            BRTH 19861127
-- MORE ITEMS NOT ALLOWED FOR THIS OFFICE --

>RLB*861127-1225127
     TTL : 1                                 861127-1225127
--------------------------------------------------------------
   1  BK2091****   SEO/SUN MS                861127-222****
END OF DISPLAY
>R*1
NOT ALLOWED THIS ENTRY
```

◎ SKYPASS 탑승실적 조회

카드 조회 후, **RH***	또는	**RH*BK1234567**

▷ 고객의 비밀보장을 위해 총 누적 마일리지만 조회가능하도록 변경됨.

10_2. SKYPASS를 이용한 예약기록 작성

1) 국제선 예약

◎ PNR 최초 작성할 경우(전체 DATA 이관)

⇨ 예약작성에 필요한 이름/전화번호와 FACT Field에 SKYPASS번호까지 모든 사항이 자동으로 이관된다.

R*BK1234567	⇨	**RM**

```
Login User :                    Terminal NO : 511124
>RM
 1.1SEO/SUNMS
NO ITIN
FONE-QSM-H 02-395-2680
2.QSM-B 02-950-7824
3.QHP-M 011-9994-2680
AP FAX-1 SSRFQTVKEHK/KEBK2091337 /TB*GYO SU //IN DEOG DAE HAG
GYO
2.1 SSRPSPTKEHK1///27NOV86/SEO/SUN/F
```

◎ 이미 만들어진 PNR에 추가항목만 입력할 경우(일부 DATA만 이관)

⇨ RM과 함께 추가가 필요한 항목에 해당하는 지시어를 이용한다.

◎ 국제선 항목의 고유기호 또는 번호 (지시어)

-	성명	4	SKYPASS번호 및 선호좌석
A	PSPT	9	전화번호

◎ SKYPASS 번호만 이관시킬 때 : 'RM + 4' 를 지시어로 사용한다.

R*BK1234567	⇒	RM4

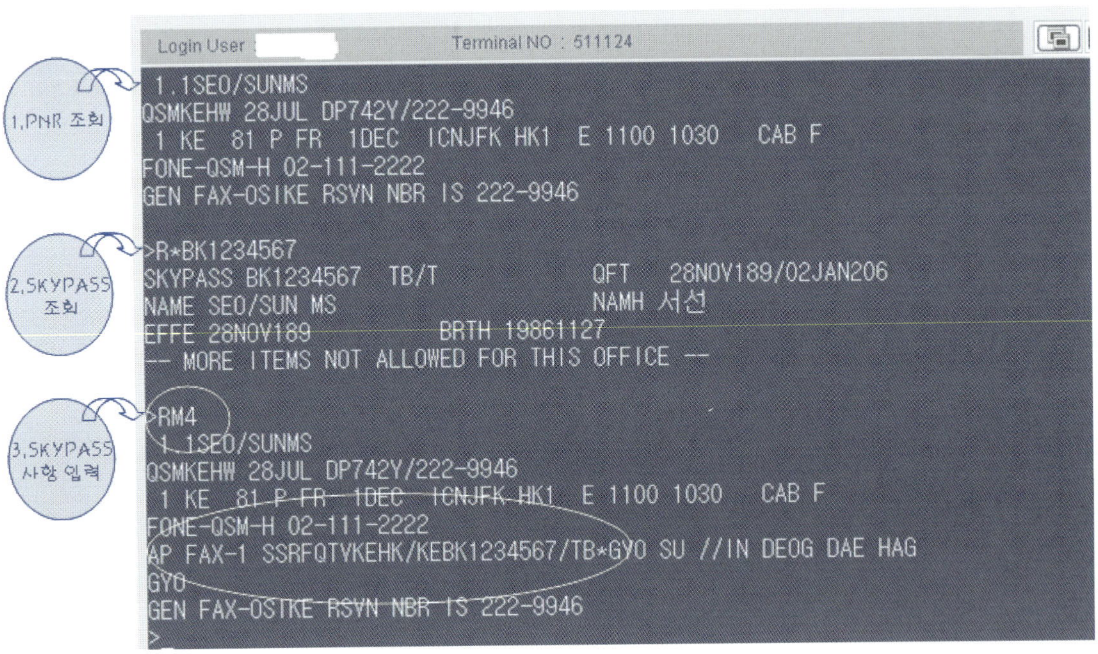

◎ 승객이 여러 명인 PNR 중, 일부 승객의 일부 DATA만 입력할 경우

RM4/P2	2번 승객의 SKYPASS 번호 및 선호좌석 이관
RM4A/P3	3번 승객의 SKYPASS 번호 및 선호좌석, PSPT 이관

2) 국내선 예약

◎ PNR 최초 작성할 경우(전체 DATA 이관)

R*BK1234567	⇒	RMD

◎ 이미 만들어진 PNR에 추가항목만 입력할 경우(일부 DATA만 이관)

R*BK1234567	⇒	RMD4

□ ABACUS

마일리지 카드번호 입력	FFOZ123456789-1.1
제휴항공사간의 마일리지 적용을 위한 카드번호 입력	FFOZ123456789/LH-1.1
마일리지 카드 입력사항 조회	*FF
마일리지 Data 삭제시	FF1@
항공사간 마일리지 협정내역 조회	PT*OZ

RESERVATION II

III. 예약 기록의 완료 및 조회

1. PNR 작성의 완료(EOT)
2. PNR 작성 시의 Error
3. 예약 기록(PNR)을 찾으려면?
4. PNR History 조회 및 판독

III. 예약기록의 완료 및 조회

1. PNR 작성의 완료(EOT : End Of Transaction)

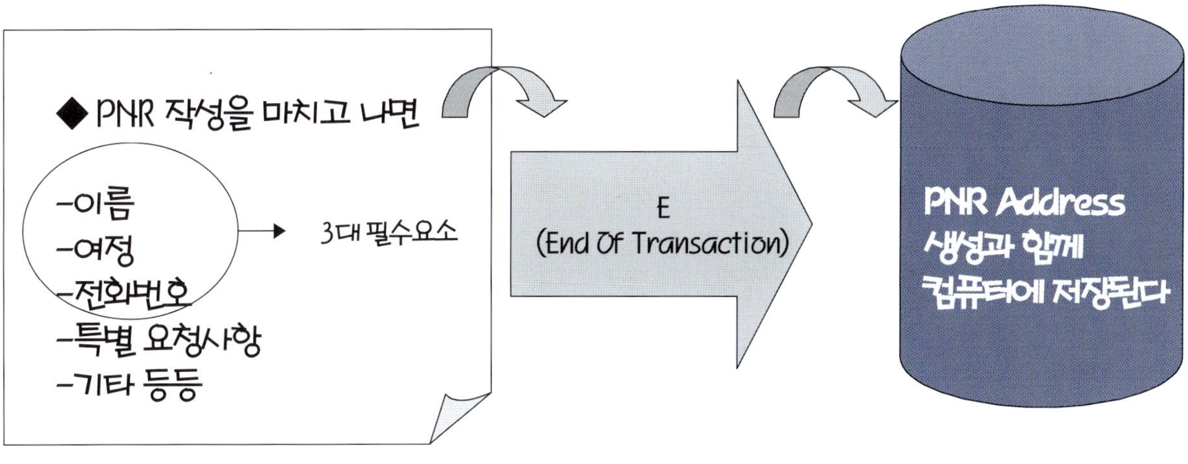

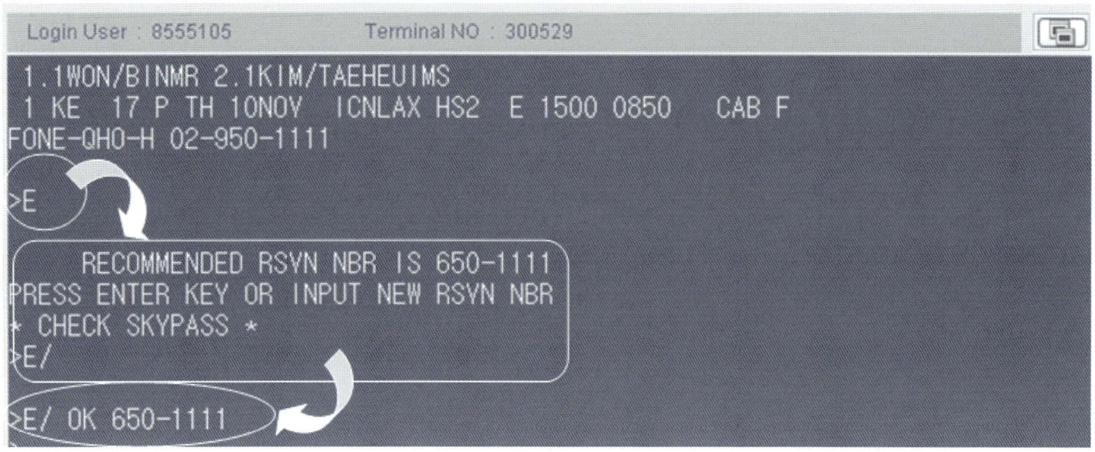

▷ 예약 PNR 작성 후 ⇨ E(End of Transaction) ⇨ E/(Enter)
⇨ OK와 함께 PNR Address " 650-1111 "이 생성된다.

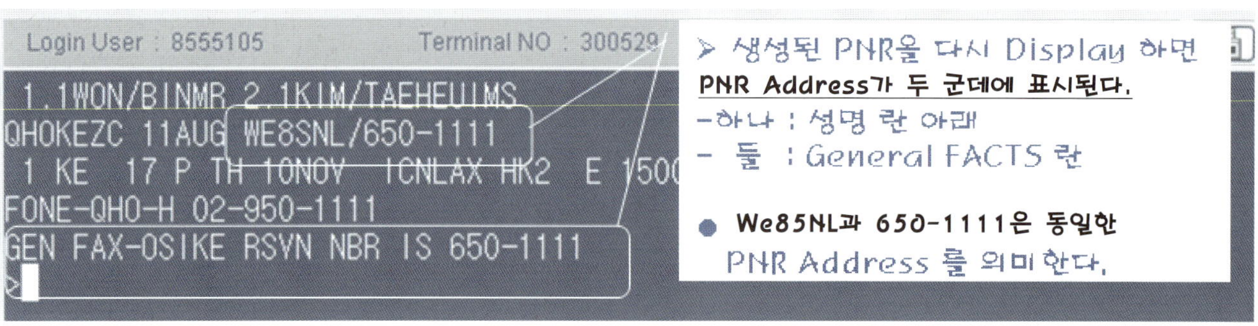

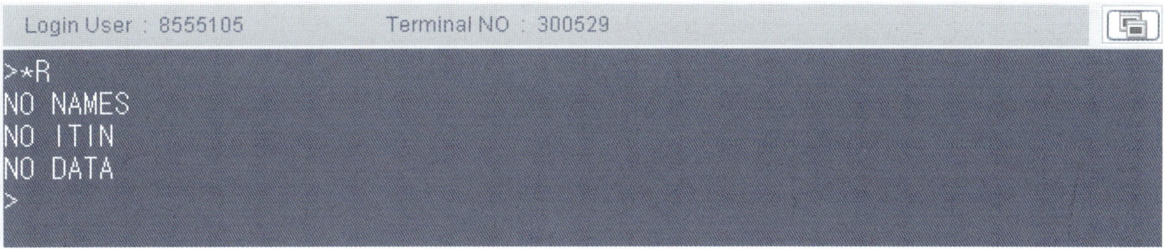

▷ PNR 작성완료(PNR Address 생성) 후, 작업장의 상태는 아무것도 하지 않은 비어 있는 상태가 되어 ⇨ 다른 예약작업을 할 수 있다.

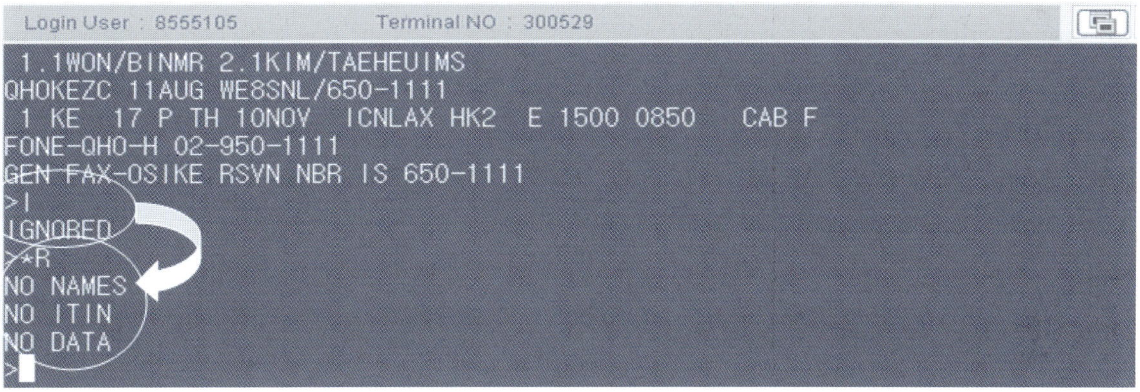

▷ 작업 중에 "I(Ignore)"를 하여도 모든 작업이 무시되어 작업장이 비어 있는 상태로 변경된다.

PNR 종료(E)와 동시에 다시 PNR Display할 경우	E*R (E+불러오기 기능 *)
특정한 PNR Address 지정	E/111-2222(E/+원하는 번호)
PNR 생성후 ▶ 변경할 경우	E @ 111-3333(E@+원하는 번호)

2. PNR 작성시의 Error

⇨ PNR 작성(입력)방법이 틀렸을 경우에는 EOT를 하여도 Error Response와 함께 PNR Address가 생성되지 않는다.

⇨ 따라서 해당내용을 수정하고, 다시 EOT를 하여야 한다.

◎ 첫 번째 승객의 성명이 Infant인 경우

```
Login User : 8555105          Terminal NO : 300529
 1.I/1NA/YOOAHMISS 2.1NA/EOMMAMRS
 1 KE  17 W TH 10NOV  ICNLAX HS1  E 1500 0850   CAB Y
FONE-QHO-H 02-950-1111
>E/
INVALID NAME PSGR 1
```

◎ 입력된 승객의 성명 수와 여정의 좌석 수가 일치하지 않을 경우

```
Login User : 8555105          Terminal NO : 300529
 1.1NA/SEONGINMR 2.1NA/EOMMAMRS
 1 KE  17 W TH 10NOV  ICNLAX HS1  E 1500 0850   CAB Y
FONE-QHO-H 02-950-1111
>E/
INVALID NO IN PTY SEG 1
>
```

◎ 여정의 연속성이 맞지 않는 경우

```
Login User : 8555105          Terminal NO : 300529
 1.1NA/SEONGINMR 2.1NA/EOMMAMRS
 1 KE 723 W SA 10SEP  ICNKIX HS2  E 0950 1130   CAB Y
 2 KE 704 W TU 20SEP  NRTICN HS2  E 1355 1620   CAB Y
FONE-QHO-H 02-950-1111
>E/
SEG CONTINUITY SEG 2
>
```

◎ 첫 번째 전화번호가 승객번호와 Relation된 경우

```
Login User : 8555105          Terminal NO : 300529
 1.1NA/SEONGINMR 2.1NA/EOMMAMRS
 1 KE 723 W SA 10SEP  ICNKIX HS2  E 0950 1130   CAB Y
FONE-1 QHO-H 02-111-2222
2.QHO-H 02-950-1111
>E/
INVALID 1ST PHONE
>
```

◎ FACT Field Error

```
Login User : 8555105          Terminal NO : 300529
 1.1NA/SEONGINMR 2.1NA/EOMMAMRS 3.I/1NA/YOOAHMISS
 1 KE 723 W SA 10SEP  ICNKIX HS2  E 0950 1130   CAB Y
FONE-QHO-H 02-950-1111
>E/
NEED INF FACT
>
```

◎ 단체 예약시⇨ 그룹 FACT(운임종류-Fare Type)가 없는 경우

```
Login User : 8555105          Terminal NO : 300529
 1.G/20INDUK/PTY@
 1 KE 901 G SA 24DEC  ICNCDG NG20   1330 1750   CAB Y
FONE-QHO-H 02-950-1111
>E
INPUT GRP FARE BASIS-GRPF
>
```

◎ 기 타

: 여정의 연속성 또는 MCT 등이 맞지 않아 Error Response를 받은 경우, **다시 한번 EOT를 하면 PNR은 완성할 수 있으나,**

⇨ 정확한 PNR 작성을 위해서는 잘못된 부분을 수정하여야 한다.

3. 예약기록(PNR)을 찾으려면?

예약기록은 언제 다시 찾아보는가?

▶ 완성된 예약기록은 Computer System에 보관되어 있다가
→ 여정의 변경, 취소, 예약 재확인 또는 항공권 발권 등 다양한 이유로 찾아보게 된다.

○ PNR을 찾아보는 것은 → PNR을 Display한다고 표현한다.

PNR 찾아보는 방법 5가지 : 지시어는 불러오기 기능 KEY "*" 이용한다.

PNR Address 이용	*123-4567
비행 편명과 승객성명 이용	*KE017/10NOVICN-KIM/SS
좌석 가능 편 또는 스케줄 조회 화면 이용	*1-KIM/MINMS(1:첫번째 Line)
승객 성명 이용	*N*JI/KWANSOONMS
SKYPASS 번호 이용	R*BK1234567▶RP

3_1. PNR Address 이용 :

◎ *431-1693 또는 *W3SH6H

```
Login User : 8555105          Terminal NO : 300529
>*4311693
 1.1BAE/YONGJUNMR
QHOKEZC 12AUG W3SH6H/431-1693
 1 KE 703 F SA 10SEP  ICNNRT HK1  E 1015 1230   CAB F
FONE-QHO-H 02-950-1111
GEN FAX-OSIKE RSVN NBR IS 431-1693
>
```

3_2. 비행편과 승객성명이용

◎ 일반적인 방법

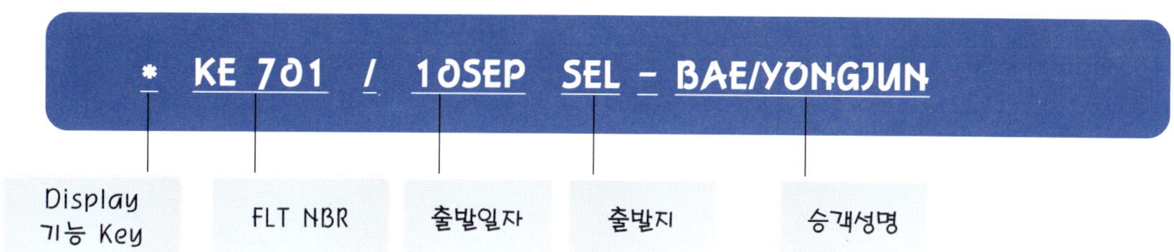

◎ 대기자 예약의 경우

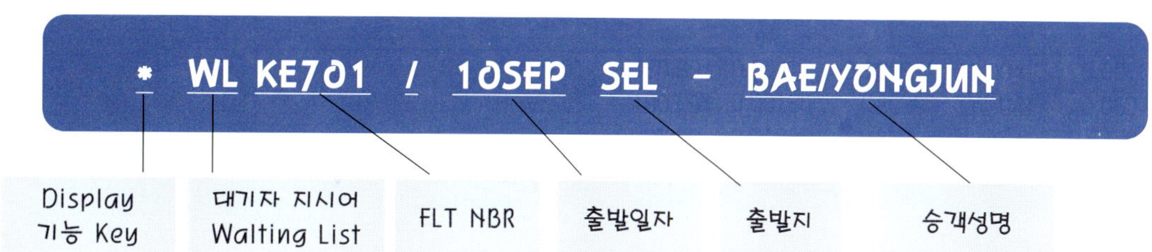

◎ 단체예약의 경우

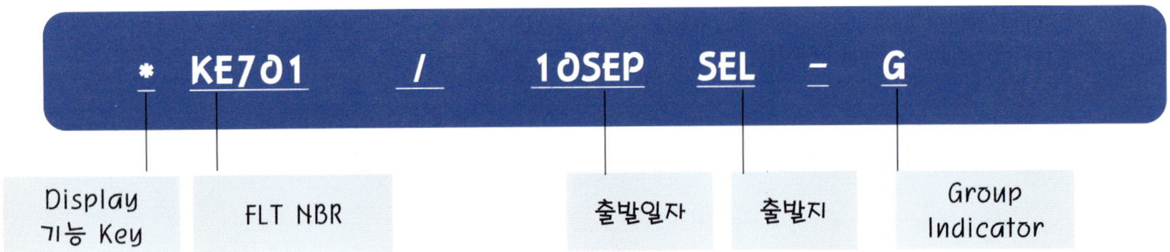

3_3. 예약가능편 또는 스케줄 이용

⇨ 예약가능편/스케줄 조회화면에는 비행편과 출발일자가 포함되어 있으므로 이를 이용하여, 예약승객의 PNR 조회가 가능하다.

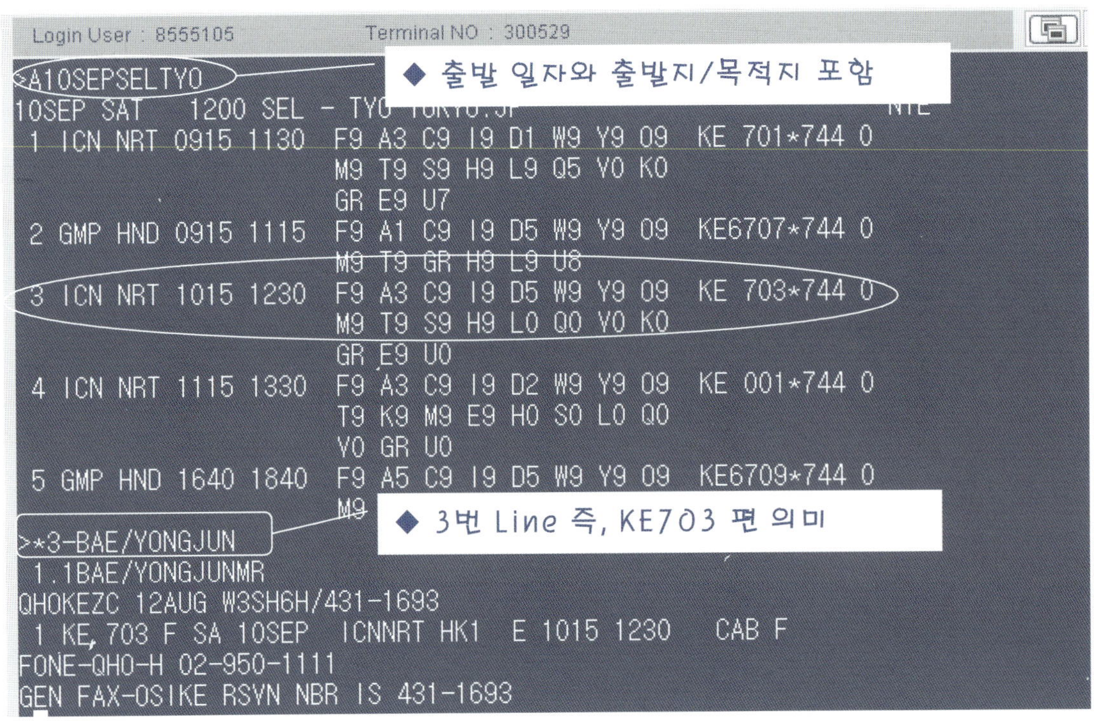


```
>A10SEPSELTYO
10SEP SAT    1200 SEL - TYO TOKYO.JP                          NTE
 1 ICN NRT 0915 1130  F9 A3 C9 I9 D1 W9 Y9 09  KE 701*744 0
                      M9 T9 S9 H9 L9 Q5 V0 K0
                      GR E9 U7
 2 GMP HND 0915 1115  F9 A1 C9 I9 D5 W9 Y9 09  KE6707*744 0
                      M9 T9 GR H9 L9 U8
 3 ICN NRT 1015 1230  F9 A3 C9 I9 D5 W9 Y9 09  KE 703*744 0
                      M9 T9 S9 H9 L0 Q0 V0 K0
                      GR E9 U0
 4 ICN NRT 1115 1330  F9 A3 C9 I9 D2 W9 Y9 09  KE 001*744 0
                      T9 K9 M9 E9 H0 S0 L0 Q0
                      V0 GR U0
 5 GMP HND 1640 1840  F9 A5 C9 I9 D5 W9 Y9 09  KE6709*744 0
                      M9
>*3-BAE/YONGJUN
 1.1BAE/YONGJUNMR
QHOKEZC 12AUG W3SH6H/431-1693
 1 KE 703 F SA 10SEP  ICNNRT HK1  E 1015 1230    CAB F
FONE-QHO-H 02-950-1111
GEN FAX-OSIKE RSVN NBR IS 431-1693
```

▷ 대기자 예약일 경우 : "*WL 3- BAE/YONGJUN"

3_4. 승객성명이용

***N*CHO/YUNWOO**

```
*** PSGR RSVN INDES***
NO   PSGR NAME        PNR        RSVNCARD
1    CHO/YUNWOO      123-4567    040812001
2    CHO/YUNWOO      234-5678    040812002
3    CHO/YUNWOO      345-6789    040812221
```

***N*2** (List 중 2번 조회)

N (List 조회화면으로 복구)

3_5. SKYPASS 번호이용

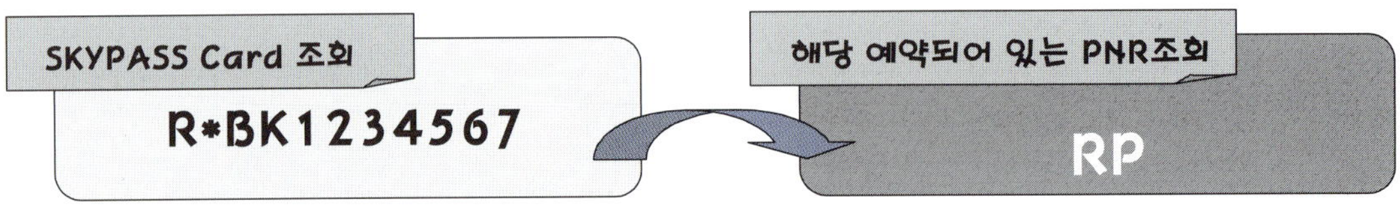

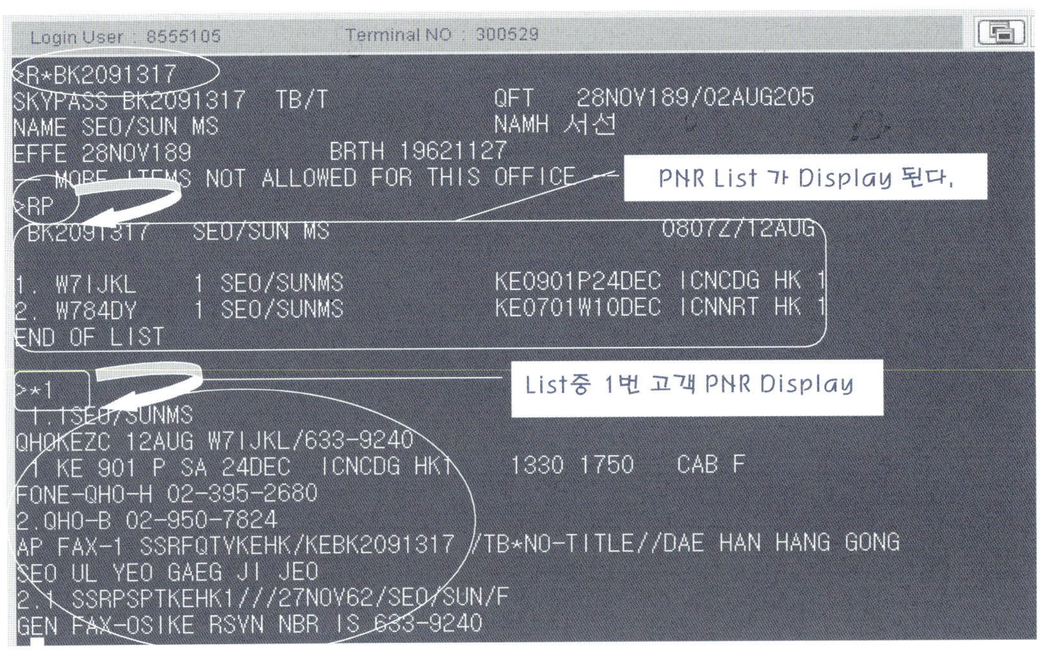

▷ 이화면 이후, 다시 PNR List 조회하려면 ? ⇨ "*L" 로 가능하다.

4. PNR History 조회 및 판독

PNR History 란?

▶ PNR의 역사, 즉 PNR 작성 이후 이루어진 모든 변경 내역과 이미 여행을 완료한 여정(완료 4일 후까지)을 보관/기록하고 있는 부분이다.

PNR History 보관내용은?

▶ 1회의 Transaction에서 행해진 변경 내역
▶ 변경작업을 한 일시
▶ 변경작업을 실시한 직원의 업무코드
-SINE Code, 컴퓨터 터미널 NBR 등
단, Remarks Field와 General FAX Keyword의 변경내역은 기록에 남지 않는다.
→ 변경내역 별로, 각각의 코드를 정하여 구분하기 용이하다.

◎ 변경내역 2-Letter Code

2 - Letter Code		변경내용
XS	Cancelled Segment	취소된 여정
AS	Added Segment	추가된 여정
SC	Segment Status Change	예약상태코드의 변경 (예,HK1/RR1: HK에서 RR로 변경)
XN	Cancelled Name	취소된 여객성명
AN	Added Name	추가 또는 변경된 여객성명
XF	Cancelled Fone Field	취소된 전화번호
X7	Cancelled TKT Field	취소된 7번 Field(TKT)
XT	Cancelled TL Field	취소된 8번 Field(Time Limt)
X4	Cancelled Airport Fact	취소된 4번 Field(Airport Fact)
A4	Added Airport Fact Field	추가된 4번 Field
DD	Divide	PNR이 Divide 됨 - Divide된 PNR Address가 함께 기록되어 조회가 용이하다

● PNR History 의 예

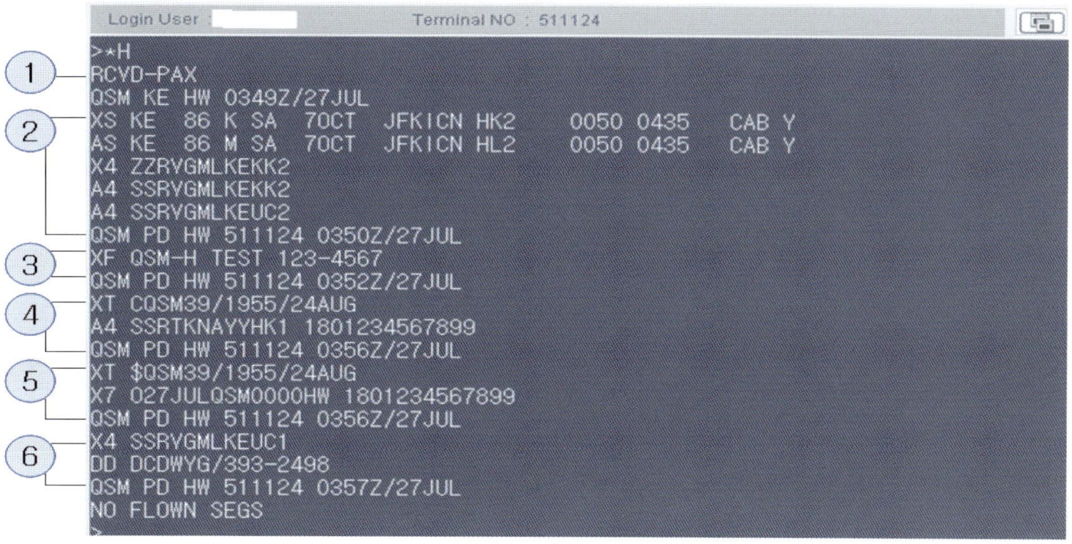

```
Login User :            Terminal NO : 511124
>*H
RCVD-PAX
QSM KE HW 0349Z/27JUL
XS KE  86 K SA  7OCT  JFKICN HK2    0050 0435   CAB Y
AS KE  86 M SA  7OCT  JFKICN HL2    0050 0435   CAB Y
X4 ZZRVGMLKEKK2
A4 SSRVGMLKEKK2
A4 SSRVGMLKEUC2
QSM PD HW 511124 0350Z/27JUL
XF QSM-H TEST 123-4567
QSM PD HW 511124 0352Z/27JUL
XT CQSM39/1955/24AUG
A4 SSRTKNAYYHK1 1801234567899
QSM PD HW 511124 0356Z/27JUL
XT $QSM39/1955/24AUG
X7 027JULQSM0000HW 1801234567899
QSM PD HW 511124 0356Z/27JUL
X4 SSRVGMLKEUC1
DD DCDWYG/393-2498
QSM PD HW 511124 0357Z/27JUL
NO FLOWN SEGS
>
```

① RCVD-PAX : PAX는 Passenger의 약어로, 고객으로부터 변경신청받았음을 의미

② 여정삭제 : XS KE 86 K SA 7OCT JFKICN HK2 0050 0435 CAB Y
여정추가 : AS KE 86 M SA 7OCT JFKICN HL2 0050 0435 CAB Y
4번삭제 : X4 ZZRVGMLKEKK2
4번추가 : A4 SSRVGMLKEKK2
4번추가 : A4 SSRVGMLKEUC2
작업자 및 일시 : QSM PD HW 511124 0350Z/27JUL
⇨ 직원의 SINE(QSM), 터미널(511124) 및 일시(7월 27일 12:50)

③ 취소된 전화번호 : XF QSM-H TEST 123-4567
작업자 및 일시 : QSM PD HW 511124 0352Z/27JUL (07월 27일 12:52)

④ 취소된 TL : XT CQSM39/1955/24AUG
4번 추가 : A4 SSRTKNAYYHK1 1801234567899
작업자 및 일시 : QSM PD HW 511124 0356Z/27JUL (07월 27일 12:56)

⑤ 취소된 TL : XT $QSM39/1955/24AUG
7번 삭제 : X7 O27JULQSM0000HW 1801234567899
작업자 및 일시 : QSM PD HW 511124 0356Z/27JUL (07월 27일 12:56)

⑥ 4번 삭제 : X4 SSRVGMLKEUC1
PNR Divide : DD DCDWYG/393-2498
작업자 및 일시 : QSM PD HW 511124 0357Z/27JUL (07월 27일 12:57)

□ ABACUS

PNR Address 조회	*ABCDE 또는 *123-4567
승객 이름에 의한 조회	*-JOO/MONG
승객 성(Last Name) 이용한 PNR 조회	*-LEE/S@I (국제선) *-LEE/S@D (국내선)
조회 된 명단에서 특정번호 조회	*2
비행편명/출발일자 이용 조회	*OZ123/15NOVICN-JOO
대기자 PNR 조회	*L#OZ123/15NOVICN-JOO
특정 항공사 PNR 조회 방법(AI 제외) (조회 가능 항공사 : BI/BR/CE/CX/GA/KA/MH OZ/PR/SQ)	@SQ/*RP12QS
AI 항공사 PNR 조회 방법	@ZAI/*YYYYYY
전체 PNR 조회	*A
여정만 조회	*I
승객 이름만 조회	*N
PNR History 조회	*H
바로전에 E 또는 I 한 PNR 재조회	*RR

MEMO

RESERVATION II

IV. 기 타 : 추가 예약기능

1. 단체 예약 (GROUP BOOKING)
2. 사전입국심사제도(APIS)
3. PNR의 DIVIDE
4. 예약 코드(Reservation Code)
5. QUEUE
6. 사전 좌석 배정(ASP)

Ⅳ. 기타 : 추가예약기능

1. 단체예약(GROUP BOOKING)

단체(Group)예약이란?

▶ **단체구성조건은?**

- 성인 10명 이상이 동일구간(왕복)을 동일한 날짜에 함께 여행하는 경우 (어린이 2명은 성인 1명으로 간주)

▶ **단체예약의 형태는?**

- 각 명단이 전부 결정된 상태에서 좌석을 확보하는 형태
- 실제승객이 없는 상태에서 先좌석 확보하고, 後모객하는 형태

▶ **단체예약의 특성은?**

- 개인좌석예약과는 달리, 해당항공사에 요청(Request Base)한 후 좌석확약여부에 대한 응답을 받는다.

단, KE/TG는 여행사에서 CRS로 단체예약을 작성하여 요청할 수 있으나 그 외 항공사의 단체예약은 각 항공사로 직접 요청하여야 한다.

1_1. 단체예약작성

단체예약작성을 위해서도 필수요소가 있는데, 개인예약작성과 마찬가지로 **성명/여정/전화번호**가 필요하며 추가로 **그룹에 대한 정보(GROUP DATA : 적용운임과 단체성원)**를 입력하여야 한다.

● 이름 작성

○ 단체를 나타내는 지시어인 " G "를 사용하며,

○ 단체예약의 이름은 **단체명**을 사용하여 입력한다.

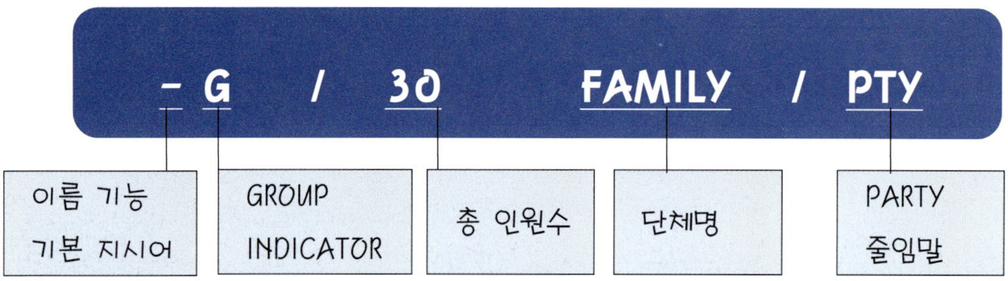

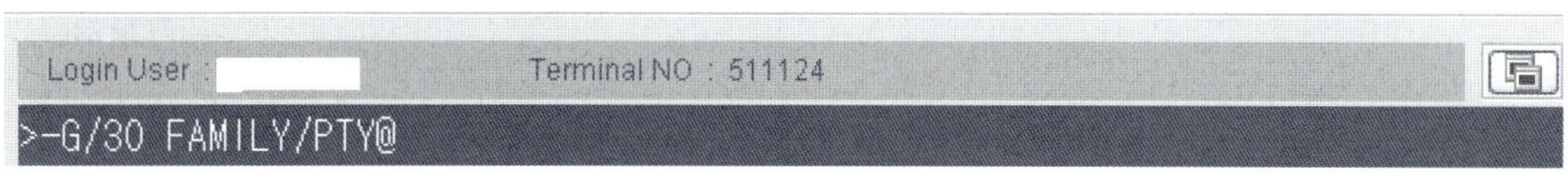

● 여정의 작성

1) 좌석가능편 조회 후, 단체예약에 해당하는 좌석등급(항공사마다 상이)을 필요한 좌석 수 만큼 요청하는 방법과

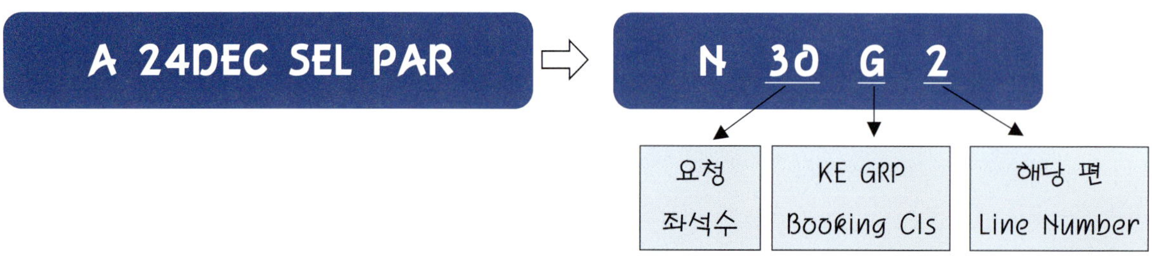

2) 또는 직접예약(Direct)하는 방법 모두 가능

0KE902G31DECCDGICN NG 30

KE GROUP 요청 Code
(그 외 항공사는 개인예약과 동일하게 NN으로 요청)

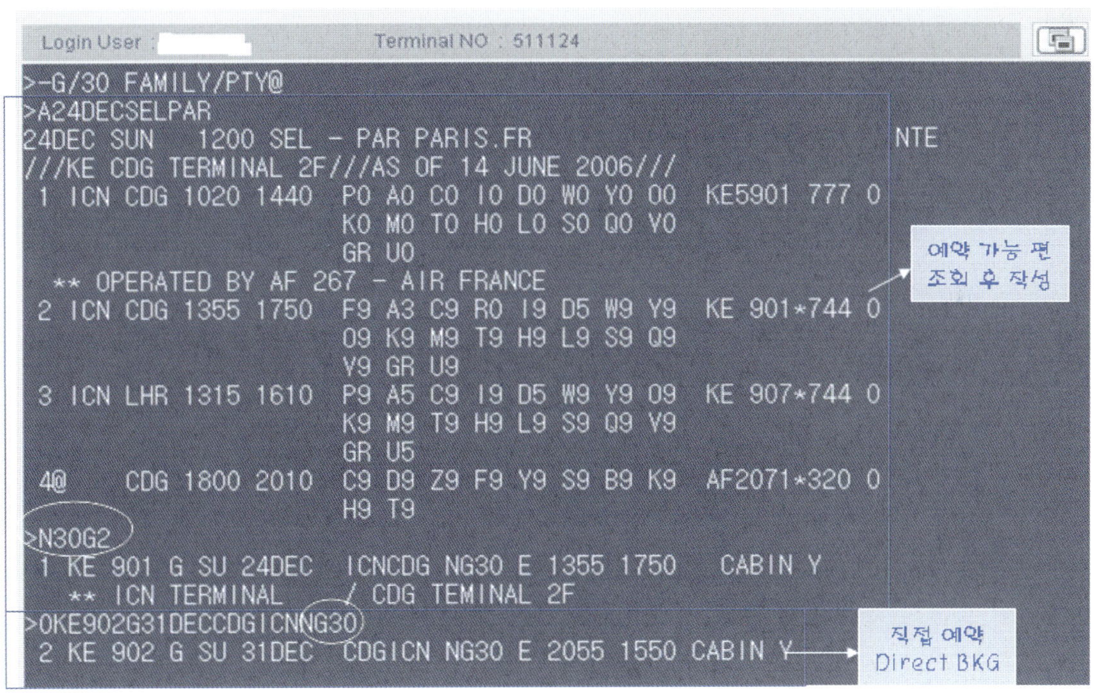

```
Login User :            Terminal NO : 511124
>-G/30 FAMILY/PTY@
>A24DECSELPAR
24DEC SUN   1200 SEL - PAR PARIS.FR                          NTE
///KE CDG TERMINAL 2F///AS OF 14 JUNE 2006///
 1 ICN CDG 1020 1440  P0 A0 C0 I0 D0 W0 Y0 O0  KE5901 777 0
                      K0 M0 T0 H0 L0 S0 Q0 V0
                      GR U0
  ** OPERATED BY AF 267 - AIR FRANCE
 2 ICN CDG 1355 1750  F9 A3 C9 R0 I9 D5 W9 Y9  KE 901*744 0
                      O9 K9 M9 T9 H9 L9 S9 Q9
                      V9 GR U9
 3 ICN LHR 1315 1610  P9 A5 C9 I9 D5 W9 Y9 O9  KE 907*744 0
                      K9 M9 T9 H9 L9 S9 Q9 V9
                      GR U5
 4@    CDG 1800 2010  C9 D9 Z9 F9 Y9 S9 B9 K9  AF2071*320 0
                      H9 T9
>N30G2
 1 KE 901 G SU 24DEC  ICNCDG NG30 E 1355 1750   CABIN Y
   ** ICN TERMINAL    / CDG TEMINAL 2F
>0KE902G31DECCDGICNNG30
 2 KE 902 G SU 31DEC  CDGICN NG30 E 2055 1550 CABIN Y
```

● 전화번호작성

⇨ 여행사 전화번호와 복편예약 재확인이 가능한 현지 전화번호 입력

◎ 여행사 전화번호

```
9T*02-111-2222 KOREA AGT NA/CHEONSA MS
```

◎ 현지 전화번호

```
9T*LCTC PAR HYATT HOTEL 111-222-3333
```

LCTC: Local Contact

● 단체에 대한 정보(GROUP DATA) 작성

⇨ 적용 운임(**GRPF**: GRP Fare Basis Data)과 단체 성원(**GRPS**)에 대한 정보를 **Fact Field에 입력**한다. 단, 이름란에 단체명이 입력된 경우 GRPS/TCP Data는 EOT시 자동생성 되므로 따로 입력할 필요가 없다.

◎ 적용운임 입력 : Fact Field Key word - GRPF (GRP Fare Basis)

4F GRPF GV10

10명 이상의 단체에 적용되는 운임

◎ 단체성원입력: GRPS -Travelling Together Data(단체 성격 또는 단체명)

4F GRPS TCP 30 FAMILY/PTY

The Complete Party(총원)

● 완성된 Group PNR

```
Login User              Terminal NO : 511124
 1.G/30FAMILY/PTY@
QSMKEHW 28JUL DMMPUD/715-9845
 1 KE 901 G SU 24DEC  ICNCDG NG30 E 1355 1750   CAB Y
 2 KE 902 G SU 31DEC  CDGICN NG30 E 2055 1550*1 CAB Y
FONE-QSM-H 02-111-2222 KOREA AGT NA/CHEONSA MS
2.QSM-T LCTC PAR HYATT HOTEL 111-2222-3333
AP FAX-SSRGRPSYY TCP30 FAMILY/PTY
GEN FAX-OSIKE RSVN NBR IS 715-9845
2.SSRGRPFYY GV10
>
```

▷ 완성된 GRP PNR은 담당 Sales REP과 항공사의 GRP 예약담당자에게 PNR을 Queue로 전송하여야 한다.

⇨ 예) 구주/중동 GRP 담당 Q55번 : QEP/KE901/55

1_2. 총원의 증가시 절차

1) 인원증가분만큼의 추가 GRP PNR 별도로 작성

- 10명 이하라 해도 단체예약의 요청방식과 동일하게 한다(KE-NG).

2) 최초의 단체예약 PNR에서 ①단체 총 인원 수를 수정하고, ② 추가된 동행 PNR Address를 Fact Field(4F)에 입력하여야 한다.

① 단체 총 인원 수를 수정

② 추가된 동행 PNR Address를 Fact Field(4F)에 입력

4F TCP35 WZ PNR 234-5678

WZ: With의 약자

1_3. 단체명단변경(GRP NAME CHANGE)

● 대 상

⇨ 10명 이상의 명단이 입력된 단체예약 중, 출발 전에 실제승객의 명단이 변경되는 경우(명단 없이 좌석을 확보한 단체도 15일 전까지는 실제 승객명단을 입력해야 함).

● 변경 기준(KE)

⇨ **출발일 7일 전까지** 전체인원의 **30% 범위**에서 여행사 자체 변경가능
시한과 범위가 초과할 경우에는 여행사 자체변경이 불가한바, 해당 항공사 담당자에게 요청하여야 한다.

● 변경요청방법

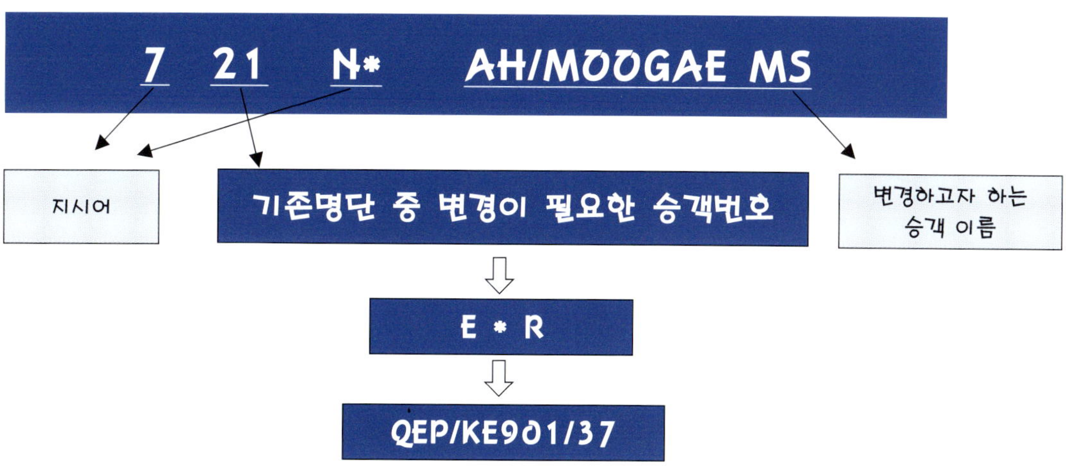

□ ABACUS

1단계 : 모객 전 Block Seat 요청	
Group Name 입력 (※GRP예약시 반드시 GRP Name을 먼저 입력해야 함)	-G/20 SSS/CO/PTY
좌석 요청(Availability 조회 후)	020G1
좌석 요청(직접 예약)	0OZ123G20NOVICNNRTNN20
Fact 사항 입력(GRPS)	3GRPS/TCP20 G/SSS/CO/PTY
Fact 사항 입력(GRPF)	3GRPF/YGV10
여행사 연락처 입력	902-111-2222 AAA TRVL MS LEE
소아사항 입력	3OSI OZ 1CHD 07YRS-2.1 3OSI OZ 3CHD 2.1$4.1$6.1
유아사항 입력	3OSI OZ 1INF 10MONTH-5.1
PNR 저장/완성 후 재조회	ER
Sales REP 나 단체예약 담당자 Queue로 전송	QEP/QQS/10
2단계 : 모객 완료 후 실명입력	
*PNR 조회	*222-3333
승객이름 입력 (실명 이름을 입력하면 GRP Name 의 형태가 자동으로 변환한다)	-NA/INDUK MS
추가 PNR 작성 요령 1. GRP 명 입력 (3명 추가시)	-G/3 SSS/CO/PTY
2. 여정 작성	03G2
3. Fact 사항 입력	3GRPS/TCP03 G/SSS/CO/PTY/ADD-2223333 (TCP03:추가 인원, 2223333:본 PNR) 3GRPF/GV10
4. 연락처 입력	902-123-4567 AAA TRVL MS LEE
5. 저장	ER

2. 사전 입국 심사제도(APIS : Advanced Passenger Information System)

1 APIS 란?

◆ APIS 채택 국가에 도착하는 항공편의 모든 승객 여권 DATA를
도착 국가의 해당 기관에 사전 통보하여 사전 입국 심사를 진행함으로써
항공기 보완 강화와 일반 승객의 입국 심사 시간 단축을 가능하게 하는 제도.

2 APIS 대상 승객

◆ 미국, 캐나다, 호주, 뉴질랜드, 중국, 일본 행 승객 및
대한민국 출.도착 항공편 탑승 모든 승객 (통과여객 포함).

❖ 단, 일본 행의 경우 ICN/NRT, KIX & LAX/NRT 구간 항공편만 적용.

◆ 중국 행의 경우 중국 현지 연락처 반드시 입력 필요.
(예약이나 발권 시 연락처 미 확보할 경우, 공항에서 알려줄 수 있도록 안내)

3 유의 사항

① 사용 KEYWORD : PSPT
② 필요 자료 : 여권번호 / 국적 / 생년월일 / 성명 / 성별
③ 반드시 승객과 연결하여 입력하며, SEGMENT 연결은 불가함.
④ 승객의 SKYPASS Card에 해당 기록이 있을 경우 카드기록을 이용하여 예약할 경우 같이 자동으로 이관됨.
⑤ 승객 이름을 여권에 표기된 Full Name으로 표기.
⑥ 단독 여권을 소지하지 않는 유/소아의 경우 동반 성인 자료 입력 시 표시함.
⑦ PNR상 여권번호, 생년월일 등 APIS Data 입력에 따른 고객 개인 정보 누출 사례 발생되지 않도록 주의

2_1. APIS 입력 및 수정

☞ Fact Field의 Keyword "PSPT"를 이용하여 입력한다.

1) 일반 승객

41F PSPT GA1122337/ KR / 17APR87 / PARK / JISUNG/ M / H
① ② ③ ④ ⑤ ⑥ ⑦ ⑧

① 1 : 승객 번호 (승객 Relation)
② GA1122337 : 여권 번호 Passport Number
③ /KR : 국적 (ISO 2-Letter Code)
④ /17APR87 : 생년월일 (DDMMMYY)
⑤ /PARK : 성 (Family Name)
⑥ /JISUNG : 이름 (Given Name)
⑦ /F : 성별 (Gender : M-Male, F-Female, MI-Male Infant, FI-Female Infant)
⑧ /H : 단독여권 미소지자 동행시 표시

2) 유아 동반 승객

- 동반 보호자 : 41F PSPT GW00558101/KR/17APR73/KIM/KIEUN/F/H
- Infant : 41F PSPT NW05583010/KR/10JUN03/KIM/HOSOO/FI(동반 여권일 경우 동반자의 여권 번호 기재)

3) 일부 Data의 확인이 불가한 경우

- 여권번호 확인 불가 : 41FPSPT //KR/17APR73/KIM/TEST/M
- 여권번호/국적 확인 불가 : 41F PSPT ///KR/17APR73/KIM/KIEUN/F

4) Data 수정

2_2. Error 유형 및 주의 사항

- First Name을 Initial만 입략하거나 생략
- 국적 Code를 부정확하게 입력하거나 'ZZ' 입력
- 미군 ID Card 입력시 '-' 사용 ('-' 생략하고 입력 요망)
- 성명 철자, 생년월일, 여권번호의 부정확한 입력
- Name, Passport Number 항목에 '.', ',', '-' 등의 부호를 사용
- Name 입력시 Family Name과 First Name 사이에만 '.' 사용하고 이후에는 모두 붙여서 입력

2_3 EBS APIS (Enhanced Border Security APIS)

☞ 9.11 테러 이후 미국 정부에서 자국 내 입국 승객의 여권 정보, 비자 정보 이외에 체류지 주소 정보까지 항공사에 제출하도록 법적 강제성이 부여된 의무 사항임.

1) 대상 승객

미국행 전 승객. 단, 미국시민권자, 영주권자, 외국인등록증소지자는 현지 체류지 주소 신고 제외

2) 입력 방법

◎ 화면 입력 방법

```
1.1 CHA/DOORI MR
 1 KE  17 M SA  4NOV  ICNLAX HS1  E 1500 0850   CAB Y
FONE-QHP-H 011-123-4567
```

- **API * P1 S1** ☞ 1번 승객, 1번 SEG

```
>API * P1  S1             KE  017/04NOV * FROM KR TO US
*** PASSPORT / IDENTITY CARD (PSPT) INFORMATION ***
FAMILY NAME : KIM..........................
GIVEN  NAME : CHANSIK......................
TYPE / NATIONALITY : P / ..                P M / KR
DOC NO : ..................................Y023145890
DOB / GEN : ....... / ..                   DDMMMYY / M F MI FI
EXP DTE : .......                          EXPIRY DATE DDMMMYY
ISS CNTRY / RESIDENCE CNTRY : .. / ..      ISSUE / RES COUNTRY
*** DESTINATION / RESIDENCE ADDRESS (ADRS) INFORMATION ***
TYPE / CNTRY : D / US                      D R / COUNTRY
ADRS : ................................    ADDRESS DETAILS
CITY : ................................    CITY DETAILS
STATE : ..                                 STATE / PROVINCE
ZIP : .........                            ZIP CODE
```

◎ Field명을 이용한 입력 방법

```
1.1KIM/CHANSIKMR
 1 KE  17 M SA  4NOV  ICNLAX HS1  E 1500 0850   CAB Y
FONE-QHP-H 011-123-4567
```

• 여권 정보 입력

API*P1S1
APIAPSPT ◂(Return)
NAT/KR ◂(Return)
DOC/BS1234567 ◂(Return)
DOB/22FEB86 ◂(Return)
EXP/15JUL09 ◂(Return)
RES/KR ◂(Return)
ISS/KR +(Enter)

• 주소지 정보 입력

API*P1S1 +(Enter), 혹은 API*ADRS/P1S1
APIAADRS ◂(Return)
CIT/LAX ◂(Return)
ADR/261 CONGRESSIONAL LANE 605 ◂(Return)
STA/CA ◂(Return)
ZIP/55437 +(Enter)

3. PNR의 DIVIDE

PNR Divide는 언제?

▶ 완성된 PNR에 포함된 구성원 중 일부가 예약내용을 취소, 추가, 변경하고자 하는 경우에 한 개의 PNR을 ⇨두 개로 분리하여야 한다.

(※ 여러 명이 한 개의 PNR에 포함되어있다는 것은 ⇨ 전원, 전여정이 동일하다는 것을 의미)

3_1 PNR Divide 순서

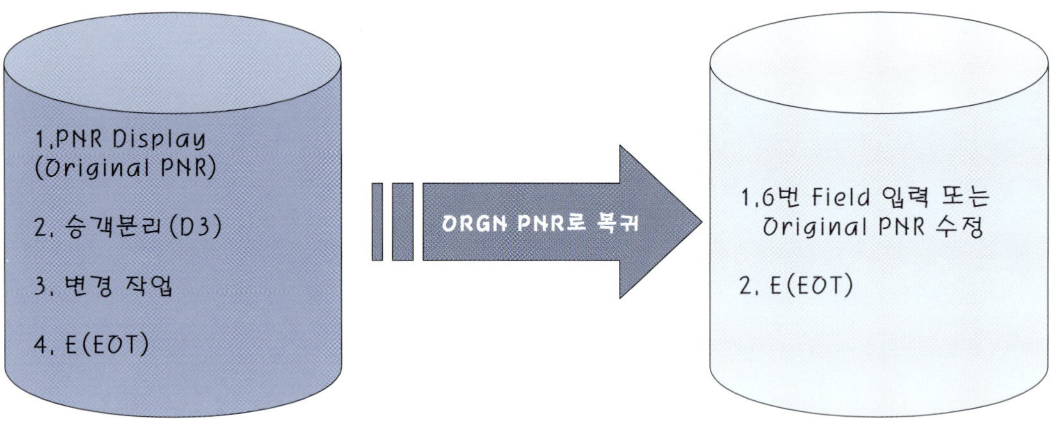

3_2 PNR Divide시의 주의사항

PNR Divide 시행시의 주의사항

1. 완성되지 않은 PNR은 Divide할 수 없다.
즉, 작업 중인 PNR은 그 작업을 종료하거나 Ignore한 후, 다시 Display하여 Divide한다.

2. 승객과 연결(Passenger Relation)되어 있는 전화번호(Phone), Fact Item은 PNR이 분리될 때 각기 승객이 있는 PNR에만 남는다.
단, Infant/Child가 포함된 경우 INF/CHD Fact 사항은 ZZR/ZZI로 변경되면서 두 개의 PNR에 모두 남게되므로, INF/CHD가 포함되지 않는 PNR에서는 삭제하고, 포함되는 PNR에서는 삭제 후 다시 입력한다.

3. Divide시 Original PNR의 EOT를 하기 전까지는 Action이 종료되지 않은 상태이므로, 도중에 Ignore를 하면 원래의 상태로 복원된다.
즉, Divide를 완료하기까지는 2번의 EOT가 필요하다.

(※Divide 작업 중의 EOT에서는 E*R를 사용할 수 없다.)

3_3 일반 PNR Divide 방법

```
Login User :                 Terminal NO : 511124
 1.1CHA/INPYOMR 2.1SHIN/AERAMRS
QSMKEHW 28JUL DSLARU/227-6414
 1 KE 703 F WE 20DEC  ICNNRT HK2  E 1020 1230   CAB F
FONE-QSM-H 02-111-2222
GEN FAX-OSIKE RSVN NBR IS 227-6414
>
```

● 상기 예약기록에서 2번 승객인 SHIN/AERAMS 씨가 사정상 여행을 갈수 없게 되어 여정을 취소하고자할 때 절차 및 응답

지시어	응답
D2 (2번 승객 분리)	>D2 CHECK FACTS APPLY 1.1SHIN/AERAMS QSMKEHW 29JUL DWQTW7/535-0546 *** NEW *** 1 KE 703 F WE 20DEC ICNNRT HK1 E 1020 1230 CAB F FONE-QSM-H 02-111-2222 GEN FAX-OSIKE RSVN NBR IS 535-0546 RMKS- DVD/ORG*DWQSV5* QSMHWPD1622L/29JUL
XI	>XI ITIN CNLD
*R	>*R 1.1SHIN/AERAMS QSMKEHW 29JUL DWQTW7/535-0546 *** NEW *** NO ITIN FONE-QSM-H 02-111-2222 GEN FAX-OSIKE RSVN NBR IS 535-0546 RMKS- DVD/ORG*DWQSV5* QSMHWPD1622L/29JUL
E	>E CHECK FACTS APPLY 1.1CHA/INPYOMR QSMKEHW 29JUL DWQSV5/535-0522 *** ORG *** 1 KE 703 F WE 20DEC ICNNRT HK1 E 1020 1230 CAB F FONE-QSM-H 02-111-2222 GEN FAX-OSIKE RSVN NBR IS 535-0522 RMKS- DVD/NEW*DWQTW7* QSMHWPD1622L/29JUL
6PAX	>6PAX*

E	>E
	  OK 535-0522 ← ORGN PNR Address
	  *** DVD/NEW 535-0546 *** ← NEW PNR Address

3_4 Infant/Child가 포함된 PNR Divide 방법

```
Login User :            Terminal NO : 511124
 1.1CHOI/SOOJONGMR 2.1HA/HEERAMS 3.C/1CHOI/AGIMSTR
QSMKEHW 29JUL DWR47W/335-1528
 1 KE  81 C TU  30CT  ICNJFK HK3  E 1100 1130   CAB C
 2 KE  86 C TU 100CT  JFKICN HK3  E 0050 0435*1 CAB C
FONE-QSM-H PWCT
AP FAX-OSIYY 1CHD 10YRS
GEN FAX-OSIKE RSVN NBR IS 335-1528
>
```

● 상기 예약기록에서 2번 승객인 HA/HEERAMS씨와 CHOI/AGIMSTR가 돌아오는 일자를 15OCT로 변경하고자할 때 절차 및 응답

지시어	응답
D2*3 (2-3번 승객 동시 분리)	>D2*3 CHECK FACTS APPLY 1.1HA/HEERAMS 2.C/1CHOI/AGIMSTR QSMKEHW 29JUL DWSEFU/535-1693 *** NEW *** 1 KE 81 C TU 3OCT ICNJFK HK2 E 1100 1130 CAB C 2 KE 86 C TU 10OCT JFKICN HK2 E 0050 0435*1 CAB C FONE-QSM-H PWCT AP FAX-ZZIYY 1CHD 10YRS GEN FAX-OSIKE RSVN NBR IS 535-1693 RMKS- DVD/ORG*DWR47W* QSMHWPD1636L/29JUL

.2/15OCT
(SEG 2를 15OCT로 변경)
	>.2/15OCT
	  KE 86 C SU 15OCT JFKICN HS2 E 0050 0435*1 CABIN C
	  ** ** PRESTIGE PLUS SEAT **
	  ** JFK TERMINAL 1 / ICN TEMINAL

*R	>*R 1.1HA/HEERAMS 2.C/1CHOI/AGIMSTR QSMKEHW 29JUL DWSEFU/535-1693 *** NEW *** 1 KE 81 C TU 3OCT ICNJFK HK2 E 1100 1130 CAB C 2 KE 86 C SU 15OCT JFKICN HS2 E 0050 0435*1 CAB C FONE-QSM-H PWCT AP FAX-ZZIYY 1CHD 10YRS GEN FAX-OSIKE RSVN NBR IS 535-1693 RMKS- DVD/ORG*DWR47W* QSMHWPD1636L/29JUL
41@-> 4F 1CHD 10YRS	>41@* >4F 1CHD 10YRS*
E (New PNR 저장)	>E CHECK FACTS APPLY 1.1CHOI/SOOJONGMR QSMKEHW 29JUL DWR47W/335-1528 *** ORG *** 1 KE 81 C TU 3OCT ICNJFK HK1 E 1100 1130 CAB C 2 KE 86 C TU 10OCT JFKICN HK1 E 0050 0435*1 CAB C FONE-QSM-H PWCT AP FAX-ZZIYY 1CHD 10YRS GEN FAX-OSIKE RSVN NBR IS 335-1528 RMKS- DVD/NEW*DWSEFU* QSMHWPD1636L/29JUL

41@ -> E
(ZZI 삭제 & 저장)
	>41@*
	>E
	   OK 335-1528
	   *** DVD/NEW 535-1693 ***

3_5 예약기록 분리지시형식

● 지시어 및 개인예약 Divide 예

```
Login User :                    Terminal NO : 511124
 1.1LEE/HJMS 2.1KIM/AAMR 3.1PARK/BBMR
4.4NOH/MUMR/HJMS/HCMR/HYMR 8.2CHA/IPMR/SWMR
QSMKEHW 28JUL DS27UC/128-1398
 1 KE 701 W FR 10NOV  ICNNRT HK9  E 0920 1130   CAB Y
FONE-QSM-H W
TL-CQSM39/1855/11SEP
GEN FAX-OSIKE RSVN NBR IS 128-1398
>
```

구 분	지 시 형 식	의미 및 응답
1	*	개별적인 명단을 동시에 분리할 때 사용
	D1*2	1.1LEE/HJMS 2.1KIM/AAMR
2	-	동일 Name Item 중 순서대로 연결된 승객을 동시에 분리할 때 사용
	D5-7	1.3NOH/HJMS/HCMR/HYMR
3	/	동일 Name Item 중 한명 또는 여러명을 동시에 분리할 때
	D8/	1.1CHA/IPMR
	D4/*9/	1.1NOH/MUMR 1.1CHA/SWMR

● 단체예약 Divide 예

```
Login User :            Terminal NO : 511124
 1.G/17CRS/PTY@ 18.1LEE/BMR 19.1KIM/AMS 20.1LEE/HMS
QSMKEHW 28JUL DS4P5C/928-1842
 1 KE 701 G FR 10NOV  ICNNRT NG20 E 0920 1130   CAB Y
FONE-QSM-H PWCT
AP FAX-SSRGRPSYY TCP20 CRS/PTY
GEN FAX-OSIKE RSVN NBR IS 928-1842
2.SSRGRPFYY GV10
```

지시 형식	응 답
D1	1.G/17CRS/PTY@
D1/	1.G/1 CRS/PTY@
D1-3	1.G/3 CRS/PTY@
D1-4*19	1.G/4 CRS/PTY@ 5.1KIM/AMS

□ ABACUS

PNR 조회 1단계 : 2번 승객 분리 복수의 승객을 분리할 경우	*ABCDED D2 또는 D2.1 D2*4
2단계 : 분리된 승객의 여정변경	X1 01M2 (여정취소 후 재 작성)
3단계 : 6번 사항 입력 분리된 PNR 저장	6AAA MS KANG E
4단계 : ORGN PNR 저장 후 재조회 ※ 항공사 PNR Divide작업 확인 (PNR 직접 조회 가능 항공사: AI,BI,BR, CI, CX, GA, KA, MH, OZ, PR, SQ)	ER

▷ 여정 변경작업을 동반하지 않고 분리작업만 먼저 실행한 후 각각의 PNR을 불러내어 수정작업을 하는 것이 항공사 PNR의 Irregular를 최대한 방지할 수 있다.

4. 예약 코드(Reservation Code)

예약 코드란?

⇨

* 항공좌석을 예약하기 위해서는 일련의 Code(or 지시어)를 통해 요청(Action Code)하고, 항공사로부터 그에 대한 응답(Advice Code)을 받아, 유지되는 상태코드(Status Code) 형태로 이루어지는 것을 의미한다.

즉, 요청코드 ⇨ 응답코드 ⇨ 상태코드순으로 이루어진다.

* 전 세계 항공사가 공통적으로 사용하는 여러 예약 Codesms IATA에서 정해 놓고 있다.

4_1 예약코드의 흐름도

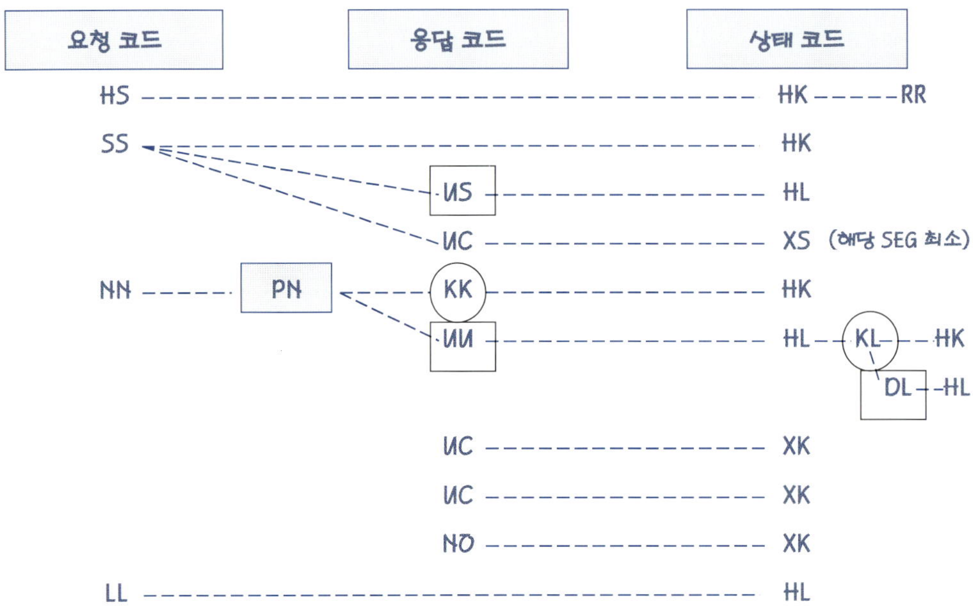

● 예약코드는 요청코드 상태에서 바로 상태코드로 되는 것도 있으며, 요청코드가 응답코드 형태를 거쳐 상태코드로 되는 것도 있다.

● 응답코드 또는 상태코드 중에는 예약기록에 적합한 상태코드 형태로 예약자가 변경/정리 하여야 하는 것이 있다.

⇨ **KK**, **KL**, **SC** 는 반드시 **HK** 로 변경하여야 한다.

: 요청 또는 대기자 상태에서 예약이 확약된 KK/KL은 장시간 방치하면 여행을 취소한 것으로 간주, 다시 대기상태인 DL로 자동변경된다.

⇨ **US**, **UU**, **DL** 은 대기 상태코드인 **HL** 로 변경하여야 한다.

⇨ **WK**, **WL**, **UN**, **UC** 는 **XK** 로 취소하여야 한다.

4_2 상태코드로의 변경방법

1 수동정리

.1 HK or .1 HL or .1 XK

.1 : 해당 SEG 번호

HK / HL / XK 는 변경하고자하는 상태코드

▷ 수동정리 후, PNR을 저장(EOT)작업을 하여야 한다.

2 자동정리

EW or **EWR**

EW: 상태코드 자동정리 + PNR 저장(E)

EWR: 상태코드 자동정리 + PNR저장 + PNR 조회

▷ 변경이 필요한 SEG의 상태코드가 자동으로 변경될 뿐만 아니라 저장과 조회까지도 한번에 가능하다.

● 정리가 필요한 PNR 예1)

수동정리 : 순서대로 .2HK ⇨ X1 ⇨ E(저장)

자동정리 : EW 또는 EWR

```
Login User :                Terminal NO : 511124
 1.1TEST/SMR
QSMKEHW 31JUL EDJRHJ/964-0965
 1 KE 701 W WE 20DEC  ICNNRT WK1  E 0920 1130   CAB Y
 2 KE 701 W WE 20DEC  ICNNRT SC1  E 1020 1230   CAB Y
 3 KE 702 W MO 25DEC  NRTICN HK1  E 1255 1535   CAB Y
FONE-QSM-H 02-111-2222
TL-CQSM39/1855/23OCT
GEN FAX-OSIKE RSVN NBR IS 964-0965
```

● 정리가 필요한 PNR 예 2)

수동정리 : 순서대로 .2HK ⇨ E(저장)

자동정리 : EW 또는 EWR

```
Login User :                Terminal NO : 511124
 1.1TEST/SMR
QSMKEHW 31JUL EDJRHJ/964-0965
 1 KE 701 W WE 20DEC  ICNNRT HK1  E 0920 1130   CAB Y
 2 KE 702 W MO 25DEC  NRTICN KL1  E 1255 1535   CAB Y
FONE-QSM-H 02-111-2222
TL-CQSM39/1855/23OCT
GEN FAX-OSIKE RSVN NBR IS 964-0965
```

4_3 예약코드의 종류

구 분	코드	내 용
요청 코드 여행사 ↓ 항공사	NN	Need. 좌석 및 부대 서비스 요청시 사용하는 가장 기본적인 코드
	LL	Add to Waiting List. 대기자로 예약할 경우 사용하는 코드
	HS	Have sold. 좌석을 판매한 상태
	SS	Sell & Report가 체결 되어있는 항공사의 좌석예약
	OX	기 Confirm된 SEG 대신, 요청상태에 있는 대체편이 Confirm 될 경우 취소해 달라는 조건부 취소요청코드.
	XK	해당 항공사로는 취소전문을 전송하지 않고 TOPAS PNR 상에 서만 해당 여정 취소.
응답 코드 항공사 ↓ 여행사	KK	Confirming. 요청된이 OK 되었음을 통보함
	UU	요청된 좌석이 현재는 불가하며, 대기자 명단에 있음 통보.
	US	Sell & Report 체결에 의해 판매하였으나, 해당 항공사가 Accept 하지 않아 대기자에 있음. (HS가 US로 변경되기도 함)
	UC	Unable to Confirm or Waitlist. 대기자도 불가함을 통보.
	UN	Unable, Flight does Not Operate. 요청한 비행편이 운항하지 않음을 통보함.
	NO	No Action Taken. 요청사항이 잘못되었거나 기타의 사유로 Action을 취하지 않았음 통보. 사유는 Fact Field에 통보됨.
	KL	대기자 명단에 있던 승객이 대기자로부터 좌석이 OK되었음.
	HX	항공사에 의해 여정이 취소되었음을 통보. Fact란에 사유 나타남

구 분	코드	내 용
상태 코드	HK	Holds Confirmed. 예약이 확약되어있는 상태.
	HL	예약이 대기자 명단에 올려있는 상태.
	RR	예약 재확인 까지 마친 상태. 예) .1RR (수동정리로 가능)
	HN	현재 상태는 모르나 요청한 적이 있음을 나타냄.
기타 코드	PN	Pending for Reply. KE 이외의 항공사 좌석을 NN으로 요청 하고 응답이 오기까지 유도되는 코드.
	WK	Was Confirmed. 예약이 확약되어 있었으나, 항공사 스케줄 변경으로 인해 해당여정이 취소되었음을 나타내는 코드.
	SC	Schedule Change for Confirmed Segment. 변경된 스케줄로 좌석이 확약되었음을 나타내는 코드. 항상 WK와 함께 나타남.
	DL	Deleted from Confirming List.. KL 상태에서 대기자로 되돌려진 상태.
	NG	(KE에서만) GRP 요청 시 사용되는 요청코드.
	HG	GRP BKG에서 다른 SEG가 Confirm되면 OK가 가능하다는 Information.

5. QUEUE

Queue 란?

- ❖ 머리 글자 " Q "로 통용 된다.
- ❖ 예약/발권 업무처리를 위한 Communication 수단으로, 요즘의 e-Mail과 동일한 기능을 한다.
  - 단, 의사소통 수단으로 PNR과 전문(Message)이 이용된다.
- ❖ PNR과 전문은 특성 별로 구분된 방(Q - Number)에, 접수된 순서대로 저장 된다.

Queue 의 종류

- ❖ PNR Q 와 Message Q 두 가지가 있다.

Queue 의 기능

- ❖ PNR 및 Message의 저장 관리
- ❖ 특정 항공사 또는 타 여행사와 PNR 및 Message 송수신 기능

5_1 PNR Queue

구 분		지시 형식	내 용
1) PNR을 Q에 넣는 법	Own City Q에 넣는 법	QEP/15	• 15는 Q 번호로, 번호를 지정하지 않으면 '00' 번으로 간주된다.
	타 Terminal City Q에 넣는 법	QEP/ZR8/30	• ZR8은 Terminal City Code 30은 Q NBR *주) 참조
2) 수신된 PNR Q의 업무량 확인	Q Count PNR	QCP	• 응답화면 참조
	특정 Q-NBR에 있는 PNR 찾는법	Q/10	• 10번 Q에 저장된 PNR이 순서대로 Display 된다.
3) PNR Q 업무처리		I (Ignore)	• 그 다음 PNR이 Display 되고, Ignore 된 현재의 PNR은 해당 Q의 맨 뒤에 놓이게 된다.
		QR	• Q에 저장된 PNR을 해당 Q에서 제거할 때 사용하는 지시어
		QXI	• Q작업을 중지하기 위해 중지를 위한 지시어 'QX'와 ' I'를 동시에 실행시키는 지시어
※ PNR Q는 Q에있는 모든 PNR을 처리할 때까지는 연속적으로 다음 PNR이 자동 Display되므로, 다른 작업을하기 위해서는 Q작업 중단 지시어인 'QXI'를 해야한다.			

주)1. 해당 여행사에서 직접 작성된 PNR 또는 해당 여행사의 Terminal City Code가 전화번호(Phone Field : 9T*--)에 입력된 경우의 PNR만 조회할 수 있다.

2. 즉, 항공사나 타 여행사에서 작성된 PNR은 예약번호를 알아도 자사의 CRS에서 조회할 수 없다.

3. 따라서 PNR Q를 통해 항공사나 타 여행사의 PNR을 수신했을 경우, 해당 여행사의 City Code를 FONE Field에 입력해주어야 해당 여행사에서 예약번호를 이용하여 조회가 가능하다. (예, 9T*02-111-2222 AAA AGT MS LEE)

● 수신된 PNR Q의 업무량 확인 : QCP 응답화면

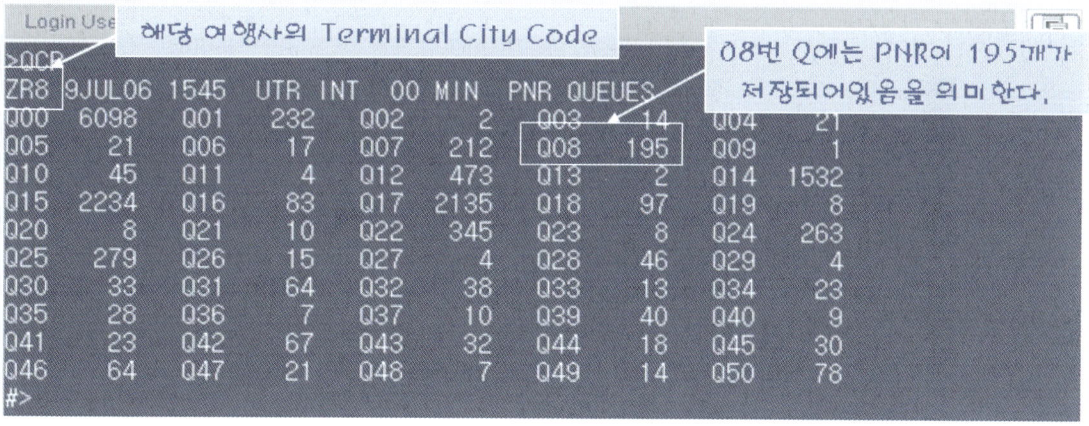

5_2 Message Queue(MSG Q)

● MSG Q 작성방법

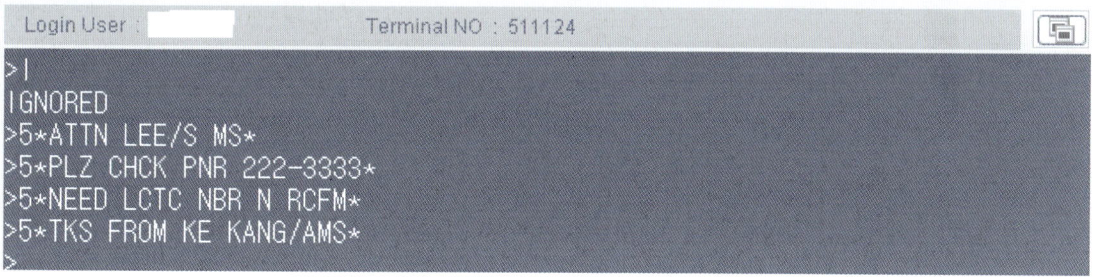

▷ 5번 REMARKS Field를 이용하여 작성하며, 내용은 로마자나 영작으로 작성한다. MSG 작성 전에 'I'를 하여 다른 내용이 포함되지 않도록 유의한다.

2) 좌석배정

⇨ASP는 Fact Field(AP FAX) 사항에 입력되는데, 지시어는 Fact Field에 사용하는 **4F** 대신⇨ **4G**를 사용한다.

● Seat Zone Code를 이용한 좌석배정방법(Generic Seat Request)

- System이 자동적으로 해당 유형의 좌석번호를 배정한다.
- 여러 개의 Seat Zone Code를 결합하여 요청이 가능하며, 모두를 **충족하는 좌석이 없을 경우에 좌석배치도가 보여진다.**

4G W

W : 예약된 전 승객을 Window Seat으로 배정

◎ 응답 화면

```
Login User :            Terminal NO : 511124
>4GW*
>*R
 1.1TES/SMR 2.1TEST/AMS
 1 KE 901 M MO 20NOV  ICNCDG HS2  E 1355 1750   CAB Y
AP FAX-S1 SSRRQSTKEGK2 41AB/NO SMOKING
```

좌석번호 : 41A, 41B

GK : Generic RQST에 의해서 좌석배정이 되었음을 의미
2 : 좌석 수

◎ 추가 지시어

Option Entry	내 용
41S1GNW	1번 승객의 SEG1을 Non-smoking, Window Seat으로 배정
43GA	3번 승객의 전 SEG를 Aisle Seat으로 배정
4S1/3GN	모든 승객의 1번, 3번 SEG를 Non-smoking Seat으로 배정

● 좌석번호 이용한 배정(Specific Seat Request)

- 좌석배치도 조회 후, 선호하는 좌석번호를 이용하여 사전 좌석 배정을 한다.

4G 37DE

전체 승객을 37D, 37E 에 좌석 배정

◎ 응답 화면

```
Login User          Terminal NO : 511124
#>4G37DE*
>*R
 1.1TES/SMR 2.1TEST/AMS
 1 KE 901 M MO 20NOV  ICNCDG HS2  E 1355 1750   CAB Y
AP FAX-S1 SSRRQSTKEHK2 37DE/NO SMOKING
>
```

▷ Seat Number는 다음과 같은 다양한 Format으로 입력 가능
EX) 12A 13C 13D, 36HJK, 42A/B/C, 37A/37B/37C, 41A B C

◎ 추가 지시어

Option Entry	내 용
4151-2G 37A	1번 승객의 SEG1, 2에 37A로 배정

□ ABACUS

좌석 배치도 조회 (SEG 번호 이용)	4G1*
비행편명/출발일자 이용한 좌석조회	4G*OZ111Y10DEC1CNBKK
좌석번호 지정하여 배정	4G1/37ABC(37A, 37B, 37C) 4G1/37A40A41C
좌석배정내역 조회	*B
배정된 1번 여정 좌석번호 취소	4GX1
배정된 특정항공사) 좌석번호 취소	4GXBA (BA 항공사 좌석번호 취소)
배정된 모든 구간 좌석번호 취소	4GXALL
좌석배치도상에서의 Move Down	@MD
좌석배치도상에서의 Move Up	@MU
사전 좌석배정 가능 항공사 조회	Y/AAI/PRS
특정 항공사 좌석배정 조회	Y/AAI/AA

MEMO

항공여객실무론 I

항공여객예약실무

서 선 著

2006년 8월 30일 1쇄 발행
2009년 8월 25일 2쇄 발행

발행인 / 진욱상
발행처 / 백산출판사
등록번호 / 제 1-72 호
등록일자 / 1974년 1월 9일

주소 / 서울특별시 성북구 정릉3동 653-40
전화 / 914-1621, 917-6240
FAX / 912-4438
edit@baek-san.com
www.baek-san.com

정가 20,000원
ISBN 89-7739-883-5 (92980)

항공여객 실무론 I

항공 여객 예약실무